KB202701

이정훈 교수의
기독교와 선거

교회는 어떻게 정치에 참여해야 하는가

이정훈 교수의

기독교와 선거

교회는 어떻게
정치에 참여해야 하는가

이정훈 지음

저자 서문

크리스천은 무엇으로 사는가? 우리는 하나님의 은혜와 사랑을 먹고 산다. 호흡이 있는 동안 그 은혜와 사랑 속에서, 우리에게 주신 사명을 한순간도 잊을 수 없다. 그것은 바로 하나님의 거룩한 규례(도덕법)가 가정, 학교, 국가에 퍼져나갈 수 있도록 빛과 소금이 되는 행실로써 하나님이 절대주권으로 행하시는 통치의 도구가 되는 것이다.

하나님의 거룩한 규례에 정면으로 도전하여 가정을 파괴하고, 신성한 혼인의 가치를 훼손하며 도덕적 인권이 아닌 인간 스스로 무규범 상태로 돌입하는 천박함을 인권으로 포장하는 시대가 도래했다. 이러한 흐름 속에서 법과 국가는 그 자체로 악의 근원이 되고 있다.

크리스천의 종교의 자유와 표현의 자유를 억압하는 악법과 정책들이 기획되고, 일부 정당들에 의해 당론으로 추진되고 있다. 우리는 '선거'를 통해 이러한 정치적 흐름들을 저지해야만 한다. 크리스천으로서 올바른 '선거'를 하는 것뿐만 아니라 성경적 세계관에 기초한 정치의식을 탁월하게 형성하고 이에 따라 정치에 참여해야 한다.

이 책은 교회가 정치에 참여하는 과정에서 드러난 '잘못된 방식'에 대해 신랄하게 비판한다. 이것은 교회와 정치의 발전을 위해 필수 불가결한 과정이다. 그리고 기독교 시민운동을 중심으로 한 바람직한 교회와 기독교인의 정치참여 활동 방향을 미국 기독교의 정치적 승리를 모델로 하여 제시한다.

인물숭배와 맹목적 추종, 자유민주주의에 대한 이해 결핍, 전체주의적 속성 등은 기독교와 양립할 수 없다. 음모론에 경도되어 쉽게 선동당하는 많은 기독교인들의 현실도 극복의 대상이다. 우리는 현재, 이러한 연약함을 청산하고 도약해야 하는 시대적 사명에 직면해 있다. 교회의 젊은이들조차도 잘못된 야망으로 왜곡되어 이러한 부정적 흐름에 투신하거나 줄을 서는 것을 보며 비참함을 느끼지 않을 수 없다.

개혁이 필요하다. 그리고 교육이 필요하다. 바른 방향의 시민운동을 통한 교회와 기독교인의 올바른 정치참여 모델이 형성되어야 한다. 승리의 길은 멀고 험하지만, 우리가 반드시 가야 할 길이다.

2020년 3월 부산 해운대에서

목차

들어가며

미국이라는 연방국가의 탄생은 종교와 무관하지 않았다. 지금도 미국 정치에서 정치와 종교의 관계는 매우 민감하면서도 그 비중이 크다. 미국의 독립혁명과 헌법의 제정 등 중요한 역사 속에서 교회는 항상 중요한 역할을 했다. 특히 트럼프 정부의 탄생에는 미국의 보수 기독교계의 영향력이 컸다.

한국도 독립운동과 건국의 역사에서 기독교와 기독교인은 중요한 역할을 했다. 김일성의 남침을 막고 전쟁 후 한미동맹을 통해 산업화를 이루었으며, 민주화를 성취하는 과정에서 한국 교회는 전반적으로 긍정적인 기여를 해왔다.

사실 최근 20여 년간 교회의 정치참여는 유럽의 신좌파(북미의 신좌파를 포함)사상과 정치투쟁의 영향을 받은 소위 좌파진영에서 적극적으로 추구되었다. 이들은 교회의 사명 중 사회참여가 경시될 수 없다는 '복음주의' 운동을 표방하여 교회 내에서 급진적 좌파 정치운동을 주도해 왔다.

개신교 내 좌파 세력은 68혁명 이후 유럽과 북미에서

그 세력이 급성장한 신좌파의 'LGBTQ'를 앞세운 성정치 · 성혁명 정치투쟁과 '정치적 올바름(Political Correctness)'이라는 신좌파 정치테제를 교회 내에 확산시키고, 80-90년대 대학가에서 유행했던 반미 민족통일혁명 투쟁을 교회 내에 가지고 들어와 혼합해 이명박-박근혜 정부시절 반정부 투쟁을 이끌었다.

보수 기독교계가 현실 정치에 참여하면서 적극적으로 목소리를 내게 된 것은 채 몇 년이 되지 않았다. 박근혜 전 대통령 탄핵 정국에 이어 문재인 정부가 출범하면서 좌파 정당의 '동성혼-동성애 합법화' 정책과 '차별금지법' 입법 추진 등 교회와 기독교인의 표현의 자유와 종교의 자유를 침해할 수 있는 악법들의 실체와 본질이 드러나면서 본격화되었다.

한국의 경우, 미국이나 독일에 비해 기독교의 역사문화적 전통이 빈약하고 교회의 정치참여 방식이나 전략에 대해 보수교계에서는 심각하게 고려해 본 경험이 없었기 때문에 보수적 교회의 정치참여로 '악법'을 막는 성과를 내기도 했지만 여러 가지 혼란과 부작용들이 나타났다.

이 책은 향후 신좌파 정치운동의 흐름 속에서 위협을 당하게 될 한국 교회가 지속적으로 제기할 수밖에 없는 정치참여의 문제에 있어 바른 방향과 전략을 제시하기 위해 기획되었다. 현대정치는 결국 '선거'라는 제도를 통해 구성되고 실현될 수밖에 없다. 따라서 기독교인이 선거에 임하는 원칙과 바른 방향에 대한 지식은 시급하고도 중요하다. 또한 기독교인이 정치와 법의 영역에 참여할 때 성경적 세계관을 지켜낼 수 있도록 지침이 되는 지식도 정말 필요하다. 이 책은 이런 지식을 보급하는 것을 목적으로 한다.

먼저, 1부에서 교회를 위협하는 소위 교회 내 좌파진영의 정치투쟁과 정치운동을 정리하고, 2부에서 교계의 잘못된 정치참여 방식을 분석하고, 그 위험성을 설명한다. 그리고 마지막으로 3부에서 미국의 경험과 사례를 통해 한국 교회의 올바른 정치참여 방식을 제시하고자 한다.

1부
무엇이 교회와 기독교인을 정치적으로 위협하는가?

제1장

복음주의를 표방한 교회 내 좌파 세력[1]

　'복음주의'라는 개념은 정의하기 쉽지 않다. 더글라스 A. 스위니(Douglas A. Sweeney)는 알리스터 맥그래스(Alister MaGrath)의 설명을 인용하여 복음주의 운동의 특징과 복음주의의 개념적 기초를 설명하고 있다. 복음주의는 성경에 따라, 여섯 가지 중요한 근본적인 확신에 기초하고 있다. ① 성경의 최고권위 ② 예수 그리스도의 주권 ③ 성령의 지배 ④ 개인적 회심의 필요성 ⑤ 성도 개개인뿐만 아니라 전체 교회에 주어진 복음 전파의 우선성 ⑥ 영적 양육, 교제, 신앙성장을 위한 기독교 공동체의 중요성이다.[2]

　한국 개신교 내 좌파 세력은 유럽과 북미의 신좌파의 성정치 · 성혁명 정치투쟁과 정치적 올바름(Political Correctness) 테제를 교회 내에 확산시켰는데 아이러니하게도 이들은 복음주의를 표방하며 기성 교계의 문제를 질타하고 개혁을 부르짖으며 대안을 제시했기에 많은 기독교 청년들의 호응을 얻었다.

청어람 ARMC의 활동 내용

복음주의를 표방하는 대표적인 단체가 '청어람 ARMC
(이하 청어람)'인데 청어람은 홈페이지에서 로잔운동의 로잔
언약을 따르는 순수 복음주의 단체라고 스스로를 소개하
고 있다.[3] 홈페이지 내의 강연, 북콘서트, 토크콘서트 등을
통해 청어람의 활동 내용을 개괄하면 다음과 같다. 1. 개신
교의 주요 교단에 속한 교회를 부패 세력, 근본주의에 빠진
혐오 세력으로 규정하고, 2. 좌파적 시대정신에 부합하는
정치의식에 기초해서 동성애를 옹호하며, 3. 극단적 페미
니즘을 기독교 청년들(특히 여성들)에게 확산시키는 운동을
벌이면서, 이것을 교회개혁의 방향으로 제시하고 있었다.

차별금지법 제정 운동과 극단적 페미니즘

청어람은 동성애에 비판적인 주요 개신교 교단을 혐오
세력으로 규정하고, 이에 따라 혐오 규제가 입법되어야 한
다는 차원에서 차별금지법 제정 운동을 주도하고 있는 전
문가들의 강의를 소개·보급하고 있었는데 균형 있는 반론
이나 비판적 관점을 배제한 채, 정치적·사상적으로 편향
된 주장과 논리들을 교회 내 청년들에게 교육·확산시키고

있는 점은 큰 우려를 불러일으킨다.

여기서 짚고 넘어가야 할 중요한 문제는 동성애자를 사랑으로 대하는 것과 동성혼 법제화 및 표현의 자유를 위축시키는 차별금지법 입법 문제는 전혀 다른 차원의 문제이며 분명히 구별되어야 한다는 점이다. 기독교인은 동성애자를 사랑으로 대해야 하지만 이것은 동성혼을 법적으로 용인하는 문제와도 다르며 목회자와 기독교인이 성경에 나오는 동성애에 대해 자유롭게 말할 수 없도록 입을 막는 차별금지법을 입법하는 문제와도 다르다.

동성애에 대한 도덕적·보건적·신학적 비판을 혐오표현으로 규정하여 제재하는 법들은 이미 영국과 캐나다 등의 입법 사례를 통해 기독교인의 표현의 자유와 종교의 자유를 크게 위축시킬 수 있다는 위험성이 드러나고 있다. 이에 대한 비판적 이론이나 주장들이 제기되고 있는 상황에서 오히려 복음주의를 표방하는 한국 교회 내의 단체가 미국의 복음주의자들이 제기하는 비판적 입장들을 배제하고, 신좌파(New Left)의 동성애 관련 이론에 기초한 교육과 활동을 주도하고 있는 현실은 아이러니가 아닐 수 없다.

청어람은 낙태를 여성의 재생산권의 측면에서 정당화하는 급진적 페미니즘 단체와 협력하여 지속적으로 기독교 청년들에게 동성애 인권-페미니즘 교육을 하고 있었다. 이러한 극단적 페미니즘은 역사·문화적으로 억압과 권리

침해를 겪었던 여성들의 권익향상을 위한 운동이라고 보기 어려우며, 오히려 특정 세력의 정치적 목적을 위한 것에 가깝다고 평가할 수 있다. 이런 활동엔 기독교 윤리와 양립 불가능한 정치적 주장들이 다수 포함되어 있는 것도 교회가 알아야 할 내용이다.

복음주의 표방 단체들의 좌편향 정치활동과 연대

청어람의 대표 양희송은 2008년부터 허위사실에 기초한 광우병 정치 선동에 참여하고, 제주 해군기지 반대 운동 등 좌편향 정치운동에 적극적으로 참여했다.

복음주의 표방 단체들의 전형적인 활동들을 구체적으로 기술하기 위해 대표적으로 청어람을 예로 들었지만, 청어람을 비롯해서 기독교윤리실천운동(이하 기윤실), 성서한국, 복음과 상황 등 소위 자칭 복음주의 단체들은 서로 연대하여 활동하기에 그 내용과 주장이 대동소이하다고 할 수 있다. 또한, 뉴스앤조이가 이들의 활동을 보도하고 홍보하여 확산시키는 연대적 활동 구조를 형성하고 있다.

복음주의를 표방하지만 실질적으로는 동성애 정치투쟁과 페미니즘 확산 운동, 그리고 전통적인 한국 좌파의 반체제 정치투쟁의 영역을 기독교계로 확대하고 있다. 이 단체들의 활동에 대해 다음 2장부터 5장에 걸쳐 구체적으로 살펴보도록 하자.

제 2 장

동성애 정치투쟁과 차별금지법 지지운동

교회를 향한 혐오 프레임과 차별금지법

필자는 청어람의 홈페이지를 통해 청어람이 실행했던 각종 세미나와 강연 등을 살펴보았다. 청어람은 홈페이지에 동성애 코너를 마련하여 동성애 정치 운동에 적극적으로 참여하고 있었다.

청어람 홈페이지에는 동성애 관련 각종 강좌, 행사, 도서 자료가 잘 정리되어 있다. 동성애 정치 운동 단체라고 해도 과언이 아니다. 이성애만이 정상이라고 생각하는 것은 문제라는 내용도 포함되어 있다. (출처: 청어람ARMC홈페이지)

특히, 필자가 문제라고 여긴 부분은 교회를 혐오 세력으로 규정하는 프레임을 교회 내 젊은 세대에게 확산시키고 주입하는 교육활동이다. 교회를 혐오 세력으로 규정하는 인사들을 강사로 세워, 보수신학을 고수하는 교단은 혐오 세력이고 동성애는 인권이라는 '정치적 프레임'을 크리스천 젊은이들에게 확산시키고 있었다.

동성애 문제를 교회 내에서 논의할 때, '그 한계를 설정하지 않고 개방적으로 논의한다'라는 주장과 달리 기존 교회가 성경이 동성애를 죄로 규정하고 있기 때문에 죄라고 인식하면 혐오 세력일 뿐만 아니라 성경을 그대로 믿는 태도는 마치 구시대적이고 반지성적이라는 교육들이 청어람

주도로 시행되고 있었다.

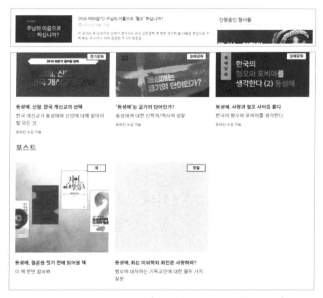

청어람의 강의와 포스트 (출처: 청어람ARMC홈페이지)

　청어람에서는 '성경의 최고 권위를 확신하는 것'을 근본
주의에 빠진 잘못된 신앙으로 묘사하고 '다원주의적 신앙
이 민주사회에 부합한다'라는 취지의 내용을 주로 교육하
고 있었다. 청어람 아카데미는 '예수는 동성애자를 거부하
지 않았을 것'이라는 주제로 강연하면서 종교 다원주의를
거부하는 교단들을 비판하고[4], 종교 다원주의를 받아들이
는 관용적 입장을 가지고 동성애도 포용하자는 취지로 행

사를 진행하기도 했다.

　기독교인이 '다원적인 민주사회의 시민으로서 타 종교를 존중하는 것'과 '신학적 입장을 자유주의화하거나 성경의 권위를 부정하면서 신앙의 타협을 추구하는 것'은 전혀 다른 차원의 문제이다. 전혀 다른 두 문제를 마치 같은 것인 양 왜곡하면서 보수적 신학과 신앙을 청산 또는 극복의 대상으로 삼는 운동을 복음주의로 지칭할 수 있을지 의문이 생기는 지점이다.

　자칫하다가는 기독교인의 신앙이 예수 외의 다른 구세주를 인정하는 것으로 변형되는 것이 다원주의 시대에 합당한 신앙이라고 전파될 수 있는 위험이 존재한다.

청어람의 협력 강사들

　동성애 정치투쟁과 혐오 규제 입법을 지지하고 이런 정치적 주장들을 교회 내에 확산시키는 청어람의 활동을 협력하는 인물들을 통해 상세히 살펴보도록 하자. 청어람이 주로 크리스천 청년 교육에 초청하는 주요 강사들은 반기독교적 인사들이거나 보수 신학을 고수하는 교단들과 양립하기 어려운 에큐메니컬 운동 관련 인사들 또는 좌편향 정치투쟁에 헌신하고 있는 인사들이었다.

이들 강사들을 통해 동성애 정치투쟁의 이론이나 차별금지법 입법의 필연성을 주장하는 이론들이 교회 내로 주입되고 동성애는 기독교와 자연스럽게 융화될 수 있다고 기독교인들을 설득하고 확산시키는 역할을 청어람이 담당하고 있었다.

동성애 인권운동가 한채윤

'비 온 뒤 무지개'라는 단체를 이끌고 LGBTQ 정치투쟁의 중심에 있는 한채윤은 청어람에 초대되어 동성애를 반대하는 교회를 혐오 세력으로 규정하고 교회가 동성애를 죄라고 규정해서는 안 된다고 강의했다.

한채윤은 동성애 정치투쟁의 선구자라고 할 수 있다. 동성애라는 단어조차 낯설었던 1998년 동성애 잡지인 '버디 (The BUDDY)'를 창간하여 편집인 겸 발행인으로 활동하였다. 한채윤은 "우리(동성애자)는 아마도 지구상에서 가장 아름다운 사람들이고, 가장 재치 있고 인정도 많으며, 가장 멋진 품위를 가지고 있는 사람들이다"라고 언론을 통해 자신이 동성애자임을 밝혔다.[5] 2000년 『한채윤의 섹스 말하기』를 출판하고 레즈비언과 여성의 성을 공론화시켰다. 성상담사로도 활동하면서 레즈비언 섹스를 확산시키는 데 기여했다.

그는 청소년들에게 동성애가 확산될 수 있는 활동을 성
소수자 인권운동이라고 주장한다. 2000년 8월 동성애자 커
뮤니티 엑스존이 유해매체로 지정되자 엑스존 유해매체 지
정 반대 운동에 참여했다. 2000년 8월 정보통신윤리위원
회(현 방송통신심의위원회)는 엑스존이 동성애를 조장한다
는 이유로 청소년 보호법 제10조, 같은 법 시행령 제7조에
따라 청소년 유해매체물로 심의 · 결정했고 청소년보호위
원회(현재는 여성가족부 소관)는 같은 해 9월 이를 고시했다.
엑스존 운영자는 서울행정법원에 정보통신윤리위원회와
청소년보호위원회를 상대로 행정처분 무효 확인 소송을 제
기했다.[6] 한채윤은 엑스존 유해매체 철폐 운동과 퀴어축제
기획자로 활동했다.

2002년 8월 14일 서울행정법원이 게이 웹커뮤니티 엑
스존 운영자가 엑스존을 청소년 유해매체로 결정하고 고시
한 행정처분이 무효임을 확인해달라는 청구를 기각하자,
당시 성소수자 문화인권센터에서 활동하던 한채윤은 "이번
결정이 다른 동성애 관련 사이트에 부정적인 영향을 미치
지 않을까 우려된다"며 "청소년 보호법과 시행령 내의 동
성애자 차별 조항의 폐지 운동을 벌여나가겠다"라고 밝혔
다.[7] 이후 지속적으로 동성애 관련 카페와 사이트의 유해매
체 지정 반대 운동에 동참하였다.

지면의 한계상 다 열거할 수 없을 정도로 많은 동성애 정치투쟁 경력을 가지고 있는 한채윤의 이론과 활동을 비판적 관점에서 열린 마음으로 검토해보자는 취지가 아니라, 청어람이 한채윤의 주장에 동조하고 보수 신학을 고수하는 교단을 혐오 세력으로 낙인찍는 프레임을 교계에 확산시키는 데 적극적이라는 것을 양희송과 한채윤이 함께 참여한 내부 강연 동영상에서 확인할 수 있었다.[8]

　　헌법은 개인의 표현의 자유와 사상의 자유를 보호한다. 필자의 문제 제기는 이 단체와 대표가 헌법상의 권리를 향유하는 것을 비판하는 것이 아니라, '이들의 동성애 정치투쟁 지지 활동과 확산 운동이 왜 교회 내에서 이루어지고 있는가?'라는 상황적 문제를 지적하고자 하는 것이다. 또한, 동성애를 비판적으로 보고 성경적 가치관과 기독교적 성도덕을 고수하는 교단을 일방적으로 혐오 세력으로 낙인찍는 정치적 편향성에 대해서도 교회가 인지하고 있어야 한다고 생각한다.

법학자 홍성수

　　홍성수는 법학자이자 동성애와 퀴어축제 옹호 전문가로, '차별금지법' 입법을 위해 국가인권위원회와 협력하는 대표적인 인물이다. 홍성수는 특히 혐오 표현 규제를 한국에서 입법해야 한다고 주장한다. 뉴스앤조이는 홍성수와의 인터뷰 기사를 통해 기독교인들이 혐오 표현 규제가 입법되어도 동성애 비판이 전혀 처벌되지 않음에도 불구하고 교단들이 오해하고 있다고 보도한 바 있다. 그러나 홍성수는 한겨레21과의 인터뷰에서 영국의 '공공질서법'과 같은 혐오 규제가 입법되면 동성애를 보건적 · 도덕적 · 신학적 측면에서 비판하는 크리스천들이 처벌받는 것은 분명하다고 밝혔다.[9]

필자가 공개강연에서 뉴스앤조이의 기사를 비판하면서 공개한 사진이다. 뉴스앤조이는 미국 복음주의 보수기독교가 차별금지에 맞설 무기로 '종교의 자유'를 들고 나왔다는 친절한 설명을 덧붙이고 있다. 차별금지법이 동성애를 죄라고 설교하면 처벌하는 것이 오해라고 주장하고 있지만, 이 기사 내용과 다르게 홍성수 교수는 한겨레 21에서 동성애 반대 활동하는 기독교인들의 처벌 가능성을 설명하고 있다.
(출처: 뉴스앤조이)

홍성수는 뉴스앤조이와의 인터뷰를 통해 강력하게 '혐오 표현' 규제 입법의 필요성을 주장했다.[10] 흥미로운 점은 그는 '개독교' 등 기독교를 혐오하는 표현은 혐오 표현이 아니라고 주장한다는 것이다. 그는 미국 내의 혐오표현규제 찬성론자인 제레미 월드론의 저서를 번역해서 한국에 소개했다.[11]

미국의 크리스천들은 동성애와 이슬람을 비판할 수 있는 '표현의 자유'를 수호하기 위해 힘겨운 노력을 기울이고 있다. 미국의 크리스천들이 궁극적으로 연방 법제의 차원에서 '혐오표현규제' 입법을 막아내고, 사법부가 전통적으로 표현의 자유를 중시하기 때문에 헌법상 표현의 자유를 지키고 있다. 하지만 주에 따라, 각종 차별금지 관련 입법들이나 규제들을 통해 크리스천의 '표현의 자유'와 '종교의 자유'가 상당히 위축되고 있다. 이미 영국에서는 기독교인들과 목회자들이 혐오규제 입법을 통해 표현의 자유와 종교의 자유를 억압당해 자유와 권리가 심각하게 위축되고 있다.

이러한 상황에서 주류 교단에 위험을 초래할 수 있는 법의 도입을 주장하는 법학자를 주요 강사로 세우고 그 주장에 동조하는 내용을 크리스천들에게 주입하고 있는 청어람의 목적은 무엇일까? 청어람 아카데미가 주최한 강연에서 홍성수는 차별금지법이 제정되어도 설교에 제약이 없을 것이라고 주장했고 뉴스앤조이가 이 행사를 대대적으로 보도했다.[12]

하지만 위의 주장과는 다르게 영국 벨파스트에서 제임

스 맥도넬 목사가 '이슬람은 사탄의 가르침'이라고 설교에서 언급한 이유로 기소되었다.[13] 영국식 혐오-차별금지법의 혐오 규제가 입법되면 목회자의 설교와 활동에 크게 제한을 받고 기독교인의 표현의 자유와 종교의 자유가 위축될 수밖에 없다. 맥도넬 목사는 무슬림을 혐오한 것이 아니라 이슬람의 교리가 위험하다는 것을 신학적으로 설명한 것이라고 대응했다.

같은 맥락에서 차별금지법이 입법된다면, 한국에서는 '신천지'를 이단으로 규정하는 목사의 설교가 소수 종교에 대한 차별과 혐오로 인지되면 처벌의 대상이 될 수 있다.

교회를 혐오 세력으로 낙인찍는 반기독교 매체들은 일부 판례를 인용하여 결국 목회자와 기독교인들이 무죄판결을 받았다고 설명하지만, 목회자가 기소되어 재판을 받아야 하는 상황 자체가 목회자의 자유로운 설교와 발언을 위축시킬 수 있다고 필자는 판단한다.

영국에서 길거리 설교자들이 이슬람을 비판했다는 이유로 공공질서법 위반으로 체포되어 기소되었다. 거리 전도자인 오버드와 스톡웰은 결국 항소심에서 승소했다. 이 사건을 보도한 뉴스앤조이는 "두 사람이 공공질서법이 아닌 2006년 제정된 '인종·종교 혐오 금지법'의 적용을 받았다면 결과가 어떻게 됐을지 예측하기 힘들다. 이 법안은 특정 종교에 대한 혐오 발언을 금지하고 있다"라고 주장했다.

이 기사는 마치 '인종 · 종교 혐오 금지법'을 적용해 거리 전
도자가 처벌을 받았어야 한다는 취지로 읽을 수 있다.

뉴스앤조이의 주장처럼 영국은 공공질서법 제정 이후
더 강력한 혐오 규제 입법을 해왔다. 만약 한국에서 영국의
법제와 유사한 혐오 규제가 입법된다면 교단과 목회자, 기
독교인들은 선교와 설교 등 신앙생활에서 자유와 권리의
'위축'이라는 피해를 면할 수 없게 된다. 이슬람과 소위 소
수 종교라고 주장하는 각종 이단들에 대한 비판이 제한을
받을 수 있고, 동성애에 대한 부정적인 발언도 기소될 개연
성이 매우 크다.

청어람과 대표 양희송이 홍성수의 혐오 규제를 포함한
차별금지법 입법에 관한 주장을 단지 비판적 관점에서 살
펴보는 수준이 아니라 이에 적극적으로 동조하고, 이러한
주장을 교회에 확산시키기 위해 애쓰고 있음을 뉴스앤조이
의 청어람에 관한 기사들과 청어람의 강연 내용을 통해 확
인할 수 있었다.[15]

청어람의 동성애 관련 권장 도서들과 북토크

청어람이 기독 청년들에게 권하는 동성애 관련 책들을
간략하게 살펴보자.[16] 어떤 책이든 기독교인이 읽어서는 안

되는 책이 있는 것은 아니다. 그러나 『동성애, 결론을 짓기 전에 읽어볼 책』이라는 표현에서도 알 수 있듯이 동성애에 관한 추천 도서를 제공하는 이유는 책 내용에 동조하고 이를 통해 교회와 기독 청년들을 설득하고자 하는 것임을 짐작할 수 있다.

아래의 책들을 교회에 확산시키고자 하는 청어람 활동의 방향을 이 책의 독자들이 직접 확인할 수 있도록 청어람 홈페이지에 소개된 내용을 그대로 인용했다. 필자가 볼 때, 이 책들은 '기존 신좌파 동성애 이론에 기독교적 내용을 가미하고, 성경을 보수적으로 믿는 사람들을 우매한 대중이나 반지성주의 또는 혐오 세력으로 보고, 열린 마음으로 교회가 동성애 자체를 자연스럽게 죄가 아니라고 인식하는 것이 필요하다'라는 내용을 제시하고 있다.

권장 도서로 소개된 책들이 주장하는 내용에 비판적 견해나 이론들은 청어람의 각종 강좌나 행사에서 오해나 거짓 등으로 폄하되고 있기 때문에 균형 잡힌 시각에서 동성애 문제를 다루면서 보수 신학적 입장과 다른 시각들은 무엇일까를 비판적으로 살펴보자는 취지가 아님은 명백하다.

『**퀴어 아포칼립스**』시우 지음, 현실문화 펴냄(2018)

문화연구자이자 퀴어 페미니스트 활동가인 저자 시우씨
가 한국 사회의 반동성애 운동의 맥락을 분석한 책이다.
특히 저자는 연구자이자 활동가인 동시에 기독교 신앙을
고백하는 그리스도인으로서 학문적 관심과 더불어 절박
한 신앙적 고민을 담아 한국 사회와 교회의 반동성애 운
동을 관찰하고 분석했다. 저자는 한국 사회와 교회의 반
동성애 운동은 보수적 세력들이 위기를 타개하기 위해
선택한 전략이었는데, 이제 그 전략이 도리어 교회와 사
회의 갈등을 심화시키는 위기로 작동하고 있다고 분석한
다. 이런 과감한 주장이 보수 개신교 입장에서는 낯설고
불편한, 매도당한다는 느낌으로 받아들여질 수 있다. 하
지만 동성애 이슈는 신앙적 이유뿐 아니라 정치적 맥락
이 다양하게 얽혀있다는 사실을 받아들이고 그 맥락들을
차분하게 짚으면서 하나씩 풀어가기 위한 고민을 해야한
다. 그리고 무엇보다 이 책에 담긴 이야기는 다양한 현장
을 관찰한 경험과 그 속에서 고민하는 이들의 고민과 목
소리를 소중하게 담아내고 있다는 사실에 주목하며 조금
참을성 있게 읽고 고민해보면 좋겠다.

『**예수 성경 동성애**』잭 로저스 지음, 조경희 옮김, 한
국기독교연구소 펴냄(2015)

동성애에 관한 논의의 장은 사실 크게 기울어져 있고, 입장을 기본적으로 가질 수밖에 없다. 그러다 어떤 계기로 이 문제를 구체적으로 인식하는 순간부터 고민이 시작되고, 지난한 과정을 거쳐 각자의 결론에 이르게 될 것이다. 개인 뿐 아니라 교회나 교단 역시 마찬가지고, 그 과정을 얼마나 치열하고 정직하게 통과하느냐가 우리에게 주어진 과제다.

『섹스 앤 더 처치』 캐시 루디 지음, 박광호 옮김, 한울아카데미 펴냄(2012)

신학적 관점에서 동성애 문제를 다룰 때 우리가 빠지기 쉬운 함정은 '교회는 동성애에 관해 어떤 입장을 가져야 하는가?' '성경이 동성애에 관해 무엇을 말하는가?'라는 질문에만 천착하는 것이다. 신학적 고민은 '동성애'에 관해 '판정'하는 것이 아니다. 동성애가 된다, 안 된다를 넘어 그 이면에 연결되어 있는 페미니즘, 젠더, 결혼과 가정에 대한 논의들을 함께 검토하며 오늘의 경험과 신앙의 전통을 조화시키는 '신학적 노력'이 필요하다. 『섹스 앤 더 처치』는 그런 점에서 동성애뿐 아니라 가부장제와 이성애 중심주의, 터부시되는 성담론에 관해 매우 비판적이고 급진적인 논의를 매우 차분하고 태연하게 펼친다. 물론 저자가 가진 백그라운드가 선명하고 (저자는 동성애자다), 학술적인 성격이 강해 읽기가 어려울 수 있지만, 요즘 이슈가 되고 있는 젠더에 관한 고민하는 진지한 독자들이라면 꼭 한번 읽어볼 책이다.

『혐오의 시대에 맞서는 성소수자에 대한 12가지 질문』, 한국성소수자연구회(준) 펴냄

12가지질문 이외에도 한 가지 중요하고도 기본적인 자료를 추천한다. 『혐오의 시대에 맞서는 성소수자에 대한 12가지 질문』은 교육학, 법학, 보건학, 사회복지학, 신학 등 다양한 학문 분야의 연구자들이 결성한 한국성소수자연구회(준)에서 펴낸 성소수자에 대한 가장 간결하고도 정확한 안내서다. 성소수자, 동성애에 대한 여러 왜곡된 정보는 대부분 이 자료를 통해 교정할 수 있다. https://lgbtstudies.or.kr/ 에서 다운받을 수 있다.

　　권장 도서들 소개를 살펴보면 페미니즘에 대한 얘기가 눈에 띈다. 페미니즘과 동성애 정치투쟁은 이론적·실천적으로 큰 관련이 있다. 지면의 한계상 자세히 다룰 수는 없지만, '왜 페미니즘이 동성애 정치투쟁에 적극적인가?'라는 질문의 답은 의외로 간단하다. 가부장적 질서가 공공의 적이기 때문이다. 이성애 중심의 아버지, 어머니, 자녀로 구성된 가정을 정상이라고 전제하는 사상들의 폭력성을 고발하고 이를 해체하기 위해 동성애는 정치투쟁의 공동 소재가 된다. 이러한 논리에 따르면, 성경적 결혼-가정에 관한 가치관은 차별적이고 반인권적인 것이 될 수 있다.

〈9월 북토크 '퀴어 아포칼립스 : 사랑과 혐오의 정치학'〉

지난 2000년 9월 첫 번째 퀴어문화축제가 시작된 이래로 2018년 7월 서울광장에서 19번째 서울 퀴어문화축제가 개최됐으며, 전국 다양한 곳에서 축제는 계속되고 있습니다. 결코 짧지 않은 시간이 흐른 지금 성소수자에 관한 논의의 장은 빠르게 확장됐으나, 동시에 성소수자 혐오 또한 매우 심각해졌습니다. 안타깝게도 적지 않은 개신교 세력이 혐오의 최전선에 서 있음을 우리는 알고 있습니다.

9월 청어람 북토크에서는 레인 메이커 활동가이자, 퀴어 페미니스트 관점으로 글을 쓰는 작가 '시우'와 그의 신간 〈퀴어 아포칼립스 : 사랑과 혐오의 정치학〉을 갖고 이야기를 나눕니다. 시우는 이 책을 통해 왜 보수 개신교회가 반퀴어 운동에 앞장서게 되었는지, 교회가 느끼는 위기 그렇게 지연되는지 혹은 지연될 수밖에 없는지 이야기합

니다. 개신교회는 혐오와 적대를 버릴 수 있을까요? 9월 북토크를 통해 함께 고민해 보고 싶습니다.[17]

위의 북토크 공지에서 청어람이 보수 신학을 고수하는 개신교회를 혐오 세력으로 규정하고 동성애를 옹호하고 있다는 사실을 쉽게 파악할 수 있다.

앞서 검토한 한채윤과 홍성수가 제시하는 동성애 정치투쟁의 논리들을 기독교가 수용할 수 있다는 취지로 저술된 책들과 동성애에 비판적인 교단들을 혐오 세력으로 규정하는 책들을 청어람은 적극적으로 권장하고 북콘서트까지 개최했음을 볼 수 있다

제 3 장

교회 내 극단적 페미니즘 전파

　페미니즘 관련 책을 젊은 기독교인들에게 소개하는 북토크 행사를 광고하는 아래 포스터는 청어람의 페미니즘 옹호와 전파 활동을 사실적으로 잘 보여준다.

월간북토크 행사 포스터
(출처: 믿는페미 페이스북)

본문에서 설명한 유튜브 방송의 영상들(출처: 맘스라디오 유튜브)

청어람이 주최한 페미니즘 북토크 행사 사회자는 유튜브에서 '29금 토크'라는 주제로 활동하는 유튜버이기도 하다. 자위행위에 대한 적나라한 설명이나 남녀의 성기나 성행위에 대한 여과 없는 표현이 등장하는 것이 방송의 주요 내용이다.

극단적 페미니즘과 낙태죄 폐지

청어람이 주최한 페미니즘 행사의 패널이나 강사로 등장하는 '폴짝'(가명을 사용함)의 '믿는 페미'는 낙태죄 폐지 운동을 지지하는 팟캐스트 방송을 제작하여 유포하고 낙태가 기독교윤리와 배치되지 않는다고 주장하고 있다. '믿는 페미'라는 명칭은 기독교인이면서 기독교계에서 페미니즘 운동을 하고 있다는 의미이다.

제목만으로도 심각한
위험성을 알 수 있다.
(출처: 믿는 페미 웹진 날것)

믿는 페미 팟캐스트 방송
(출처: 믿는 페미 팟캐스트)

(출처: 믿는 페미 페이스북)

위의 사진에 나오는 낙태를 옹호하는 뉴스앤조이 기사와 그 기사를 인용한 '믿는 페미'의 주장처럼, 낙태죄가 위헌이라고 주장하거나 낙태에 반대하는 기독교인은 편협하고 정의와 평화를 사랑하지 않는 것이라는 편향적이고 위험한 주장들이 기독교인들에게 전파되고 있다.

청어람에서 강사나 패널로 세우는 이들과 단체들의 주장에 대한 반론이나 비판은 전혀 소개되지는 않는다. 결국 강사나 패널로 등장한 이런 급진적 페미니즘 운동가들을 통해 극단적으로 편향적이고 위험한 페미니즘 이론과 주장들이 여과 없이 교회와 기독교인들에게 전파되고 있다.

이러한 청어람의 교회 내 페미니즘 확산 활동은 일회적인 것이 아니라 주요 사업 중의 하나이다. 청어람 홈페이지에서는 다양한 페미니즘 운동을 위한 활동을 확인할 수 있다.

청어람의 페미니즘 프로그램들 (출처: 청어람ARMC홈페이지)

낙태는 권리인가

그렇다면 강사나 패널로 등장한 폴짝의 '믿는 페미'가 주장하는 것처럼 낙태는 도덕적으로 혹은 신학적으로 정당화될 수 있고 주류 개신교 교단에서 용인될 수 있을까? 낙태죄에 관한 헌법재판소의 판결 이후, 이 판결의 많은 문제점들이 지적되고 있는 상황에서 '여성의 재생산'이라는 일부 페미니즘 이론가들의 주장을 기독교 윤리와 신학적 관점에서 진지한 검토와 분석 없이 교회에 여과 없이 확산시키는 청어람의 활동은 매우 위험하다.

기존의 '낙태죄'는 예외 없이 모든 낙태 행위를 형사 처벌하는 것이 아니라 '모자 보건법'에서 규정한 예외 사항에 한하여 형사 처벌하지 않고 있다. 모자 보건법 14조는 인공 임신중절이 허용되는 예외 조항을 두고 있는데 이에 따르면 여성의 임신중절은 1) 우생학적 또는 유전학적 정신장애나 신체질환이 있는 경우 2) 본인이나 배우자가 전염성 질환이 있는 경우 3) 강간 또는 준강간에 의하여 임신된 경우 4) 법률상 혼인할 수 없는 혈족 또는 인척간에 임신한 경우 5) 임신의 지속이 보건 의학적 이유로 모체의 건강을 심각하게 해치고 있거나 해칠 우려가 있는 경우 합법적으로 이뤄질 수 있다. 헌법재판소의 낙태죄에 대한 헌법 불합치 결정은 모자 보건법이 정한 예외사항 외에 경제적 이유 등으로도 행한 낙태를 합법화해야 한다는 내용이 있어 법학계에서도 논란이 되고 있다.

기독교 윤리와 신학적 관점에서 심도 있게 숙고되어야 할 낙태의 문제가 청어람 등 소위 복음주의 단체들과 이 단체들의 기관지 역할을 하는 뉴스앤조이에 의해 교회 내로 여과 없이 흘러들어 오고 있는 상황이다.

적나라하게 성을 소재로 한 유튜브 방송을 제작하거나 낙태를 법적 · 도덕적 · 신학적으로 정당화하는 주장을 하는 것도 개인의 자유이다. 그러나 이런 강사들과 패널들로 진행되는 청어람의 교육과 페미니즘 확산 운동은 기독교인들을 대상으로 하기 때문에 교단 차원에서 상황을 인지하고 이에 대응하는 것이 필요하다.

제 4 장

좌편향 정치투쟁과 의식화 교육

헌법상 정치적 견해를 표명하거나 정치운동을 할 수 있는 자유는 모든 국민에게 보장된다. 그러나 청어람의 문제는 복음주의를 표방하면서 광우병 촛불시위 선동을 통한 좌편향 정치투쟁과 제주 해군기지 반대 운동 등 반미 정치운동을 통해 성장했다는 사실에 있다.

종교법인제정추진시민연대와 교회개혁실천연대

청어람의 대표 양희송은 교회개혁실천연대의 '운영위원'으로 활동했다. 시민단체인 종교법인법제정추진시민연대(공동대표 홍세화 등, 이하 종추련)는 창립자가 '기독교 소멸'의 소신을 갖고 만든 것으로 알려졌는데, 여기에 교회개혁실천연대 인사들이 대거 참여해 논란이 되었다. 이 단체에는 종교자유정책연구원(이하 종자연)의 설립자 박모 교수

도 참여했다.[18]

'종추련'에는 교회개혁실천연대 집행위원인 방인성 목사, 구교형 목사, 지강유철 전도사 등 핵심 인사들이 발기인으로 참여한 것으로 드러났다. 종추련의 조직도에는 정책자문위원으로 지강유철 전도사, 정책자문위원과 운영위원으로 구교형 목사가 등장한다. 특히 종추련의 사무처장이었던 '이드(가명)'라는 인사는 '기독교 박멸', '예수의 소멸' 등을 주장한 것으로 알려져 논란이 되었다. 크리스천투데이에 따르면, 이드는 "제 자신의 신념은 기독교 교리와 바이블 그리고 예수의 소멸"이라며 "그러한 목적을 달성하기 위한 방법론으로서, 종교비판의 자유가 가능한 사회를 만드는데 일조할 시민운동을 하겠다"고 밝힌 것으로 드러났다.

교회개혁실천연대 인사들이 종추련의 발기인으로 참여한 부분에 대해 논란이 발생하자 황급히 사퇴했지만, 이 문제에 대해 이들은 한국 교회에 유감을 표명하거나 사과한 적이 없다

광우병 촛불시위 선동과 반정부 투쟁

2008년 미국산 쇠고기와 광우병에 관한 가짜뉴스로 촛

불시위가 일어나자 이들은 연합하여 이명박 전 대통령의 탄핵을 주장하면서 긴급토론회를 개최했다. 이 행사는 청어람 지하 소강당에서 열렸다. 기독교윤리실천운동, 공의정치실천연대, 청어람아카데미, 복음주의클럽이 주최하고 성서한국이 후원하는 '민주주의를 다시 생각하는 긴급 토론회'였다.[19]

이 토론회에서 구교형 목사는 이명박 전 대통령이 탄핵에 직면할 것이라고 주장했고, 양희송은 복음주의 클럽을 대표하는 장으로서 "내일 상황(10일로 예정된 100만 촛불집회)이 어떻게 전개되느냐가 중요하다"며 "결과적으로 국민들은 무기력한 대통령을 모시고 5년을 지내게 될지, 실권을 몽땅 박근혜에 넘기는 상징적인 대통령으로 남을지 등 상당히 암울한 시나리오로 내다보고 있다."고 발언했다. 또한 "내일 집회 이후에는 시민들이 선택할 수 있는 사안이 많지 않다"며 "물리적인 압박이 유효한 수단으로 등장할 수밖에 없지 않겠느냐"고 10일로 예고된 대형 집회 이후 시위가 과격한 방향으로 흐를 것이라고 전망했다.[20]

양희송은 물리력을 사용하는 폭력적 시위가 불가피하다는 취지로 발언했다. 또한, 광우병 촛불집회와 이명박 정부에 대한 반정부 투쟁에 동참하지 않고 성도들에게 냉정하고 침착할 것을 지도한 목회자들을 무지한 자들이라고 맹비난하였다.

소위 '복음주의'를 표방하고 있는 단체들은 이미 2008년부터 이명박 정부와 이후 박근혜 정부에 대한 반정부 투쟁에 강력하게 참여했다.

주요 개신교단에 대한 비난

2008년부터 2018년까지 10년간 청어람의 주요 개신교단에 대한 비난과 혐오 세력 규정 활동은 멈추지 않고 지속되었다. 양희송과 청어람은 김진호 목사의 『권력과 교회』출판을 기념해 출판사 '창비'와 함께 북콘서트를 열었다. 민중 신학자 김진호와 양희송은 이 행사에서 한국 교회의 보수성과 폐쇄성을 집중 조명했다.

주류 개신교는 왜 정치적으로 보수 성향을 띠는지, 왜 동성애·여성 혐오에 개신교가 빠지지 않고 등장하는지에 대해 토론이 이루어졌다. 대담자로 나선 저자인 김진호, 양희송, 그리고 『한국 기독교 흑역사』의 저자 강성호가 벌인 북콘서트의 주제는 '이제는 우리가 예수를 구원할 때다'였다. 청어람이 주최한 행사에서는 거의 예외 없이 주류 개신교단은 권력 지향의 악의 세력이자, 여성과 동성애를 혐오하는 혐오 세력으로 규정된다.[21]

교회개혁실천연대도 그동안 시민단체의 성격을 띠고

교회개혁이란 명분으로 기독교계의 치부를 드러내 왔다.[22] 이들 자칭 복음주의 단체들은 교회의 치부를 드러내어 비판하고 정치투쟁에 앞장서는 활동을 10년 이상 꾸준히 지속해 왔다.

제주 해군기지 반대 운동과 반미주의 의식화 교육

청어람 아카데미, 기독 청년 아카데미(이하 기청아), 기윤실 등은 '제주평화순례'라는 행사를 공동으로 주최한다. 특히 청어람은 이 행사를 소개하면서 "제주 4.3항쟁을 소재로 한 영화 '지슬'에서 그려지고 있는 65년 전 제주의 모습은 참 낯설고 불편하기까지 합니다. 65년이란 간격이 존재하지만, 그와 같은 끔찍한 폭력과 살상이 버젓이 대한민국 땅에서 일어났다는 사실이 낯설고, 그런 제주의 아픈 역사에 무지하고, 때로는 알면서도 침묵했던 우리의 모습이 불편합니다. 그러나 4.3항쟁은 지나간 역사로 끝나지 않은 듯 합니다. 지금도 여전히 진행 중이고, 그 정점에 제주 강정마을이 있습니다. 어찌 보면 강정마을은 마치 4.3항쟁의 축소판과도 같습니다. 평온하기만 했던 마을에 해군기지 건설을 위한 군인과 경찰들이 몰려오면서부터 그 평온한 일상은 깨어지기 시작했다"라고 주장하며 마치 해군기지를

건설하는 것이 폭력과 살상인 양 편향적이고 위험한 내용으로 기독교인들을 교육하고 있다.[23]

청어람의 양희송 대표는 제주해군기지 반대 운동가 송강호 목사를 인터뷰하면서 반미감정을 고양시키고 일방적으로 우리 군을 부당한 폭력집단인 양 비난하는 편향적 내용을 동영상으로 제작해서 회원들에게 유포하기도 하였다.

청어람은 국가가 추진하는 해군기지 건설을 마치 제주도민에게 폭력을 행사해서 국민의 평온한 삶을 빼앗는 것처럼 선동하고 이에 기초하여 사실상 좌편향 정치투쟁을 이끌고 있다고 볼 수 있다. 교회개혁실천연대, 기윤실, 기청아 등 광우병 선동 정치투쟁에 나선 단체들은 제주 해군기지에 대한 정치 선동과 투쟁도 함께 하고 있다.[24]

아름다운마을 공동체와 기독교 청년 아카데미

크리스천투데이는 뉴스앤조이 관련 주사파 성향 단체 아름다운마을 공동체(이하 마을) 구성원들이 대한민국 군대에까지 침투, 의식화 공작과 김일성 찬양 고무 활동을 펼치다 처벌받고 엄청난 사회적 파장을 일으켰던 사건을 보도했다.

보도에 따르면, 이들은 교회 청년부와 선교단체들까지

영향력을 확대해 나갔다. 뉴스앤조이는 홍보를 통해 청년 모집을 돕고, 기청아는 교육을 통해 이들을 의식화한 뒤, '마을'이 공동체 생활을 통해 이들을 소위 혁명 전사로 만들고 그중 일부는 뉴스앤조이에 '파견'하는 식의 유기적 활동을 진행해 왔던 것으로 알려졌다. 크리스천투데이는 마을의 세움터에 대해 "사람들을 바로 마을에 들일 수는 없으니, '세움터'를 통해 공동체 생활을 하게 한 뒤 '더 구체화된 공동체가 있으니 가 보자'는 식으로 접근하는 것으로 보인다"고 제보자의 주장을 인용하여 보도했다.[25]

보수 교단인 예장 고신 측과 고신의 선교단체 SFC가 큰 내홍을 겪었다. SFC는 과거 '기청아'와 함께 제주 강정마을 행사를 열고, 기청아 행사에 장소를 제공하며, 2008년 수련회 강사로 마을 대표 최철호 목사를 초청하는 등 이들과 매우 끈끈한 유대를 보였다. 마을에 살던 SFC 간사들은 소속 학생들을 마을로 포섭하는 데 과도한 열심을 보였다. 고신 교단과는 전혀 다른 '마을'의 신앙에 영향을 받은 이들이 SFC 내에서 계속 물의를 일으키자, 고신 측은 이들에게 마을에서 나오도록 권고한 뒤 불응한 간사들을 권고 사임시켰다. 당시 고신 측은 마을에 대해 "민중 신학을 바탕으로 한 자유주의적 성경 해석을 하는 경향성이 있다"며 "또한 기존 교회의 직제를 무시하고, 평신도들이 돌아가면서 설교를 하는 등 웨스트민스터 신앙 고백서에서 규정하는 보

편교회의 모습이 아님"(고신 2017년 제67회 총회 보고서 中)
이라고 밝혔다.[26]

아름다운마을 공동체의 종북 논란

필자는 최철호 목사와 '마을', 그리고 '기청아'와 관련된
'종북 좌파' 논란을 조사하면서 아래에 인용한 언론의 보도
내용이 증거로 제시한 자료들을 확인했다. 문제의 심각성
을 독자들에게 알리기 위해 해당 기사를 그대로 인용하도
록 하겠다.

크리스천투데이는 '뉴스앤조이'의 종북활동 근거로
'아름다운마을'이라는 이름의 공동체 회원들이 김일성
찬가인 '청춘'을 부르는 것을 들었는데, 안 목사는 이 노
래에 대해 '청춘을 어머니 당인 노동당과 김일성 부자와
북한 조선인민주주의 공화국을 위해 아낌없이 드리자'
는 내용이라고 고발한 바 있다.

이 마을의 핵심 인물로 알려진 최철호 씨는 2005년
1월 1일 아내와 함께 방북했을 당시 사진을 찍었는데,
해당 사진에는 '21세기 태양 김정일 장군 만세'라는 글귀

가 선명하게 보인다. 해당 사진은 이 마을 인터넷 카페에 '21세기 태양 김정일 장군 만세!!- 철호, ○○'라는 제목으로 게재됐다. 최 씨는 뉴조가 설립한 교육기관인 기독청년아카데미 운영위원장 및 교육위원장 등의 요직을 맡았다.

또 '아름다운 마을'의 또 다른 구성원이자 뉴스앤조이 정책실장이었던 안기홍 씨도 2005년 1월 11일 소위 '김일성 찬양비' 옆에서 사진을 찍었는데, 이 찬양비에는 "위대한 수령 김일성 동지께서는 천구백칠십삼년 팔월 십구일 이곳에서 불요불굴의 공산주의 혁명투사 김정숙 녀사와 함께 천구백사십칠년구월 이십팔일 금강산을 찾으신 그 때를 감회깊이 돌이켜 보시며 녀사의 고결한 충성심에 대하여 가슴 뜨겁게 말씀하시였다"라고 써 있는 사실도 확인했다.

크리스천투데이는 "더욱 경악할 일은 '아름다운마을'에서는 노골적으로 '김정일 장군님' '김일성 주석님'이라는 표현을 사용하고 있다"면서 "뉴스앤조이 기자들 상당수가 이 마을 출신이며, 특히 자료에 의하면 이들이 뉴스앤조이 기자로 활동하게 된 배경은 자발적 의지 이상의, '아름다운마을'의 정책적 · 조직적 움직임으로 보인다"고 전했다.

특히 뉴스앤조이 전 편집국장 주재일 씨의 경우 2007년 9월 6일 "뉴스앤조이가 우리 공동체를 비롯한 교회 내부의 개혁 세력의 전위조직으로, 선동조직으로 건실하게 서도록 활동할 것"이라며 "지금은 '임시'라는 꼬리표가 붙었지만, 멀지않은 미래에 나는 뉴스앤조이 편집 책임자가 될 것"이라고 썼다는 사실도 확인했다.

또 과거 뉴스앤조이 기자였던 이승규 씨도 이 마을 출신으로서 이 매체에서 중추적 역할을 해 오다가 몇 년 전 CBS로 이직했다는 사실도 보도했다.

크리스천투데이는 "아름다운마을에서 보이는 친북 및 종북 성향은 뉴스앤조이 보도에도 여과 없이 드러난다"면서 "특히 이승규 씨는 과거 뉴스앤조이 기자 재직 시절 북한의 핵실험으로 온 국민이 불안에 빠져 있을 당시 전격 방북, '우리가 아무렴 동족한테 핵 쏘갔어'라는 제목으로 마치 북한 당국을 대변하는 듯한 기사를 게재해 큰 우려와 반발을 사기도 했다"고 보도했다.[27]

복음주의 표방 단체들의 정치투쟁 연대

논란의 중심에 서 있는 최철호 목사와 양희송은 성서한국 등과 연대하여 활동한다. 위에서 이미 밝힌 바와 같이 '기독교 소멸'을 목표로 하는 인사가 창립한 시민단체 종추련에 발기인으로 대거 참여한 교회개혁실천연대를 포함하여 청어람, 그리고 기윤실, 뉴스앤조이, 성서한국 등은 단독으로 활동하지 않는다. 이들은 항상 정치적 이슈에 대해 공동으로 활동하고 연대한다.

성서한국대회에는 최철호와 양희송 등 관련 인사들이 대거 함께 등장한다.[28] 2017년 성서한국대회에서도 최철호, 양희송, 김근주 등 6개 복음주의 표방 단체의 인사들은 함께 등장했다.[29] 성서한국, 청어람, 기독 청년 아카데미, 뉴스앤조이는 연대투쟁과 협력을 통해 공동의 목표를 추구하고 있는 것으로 보인다. 이들은 종북 논란과 고신 교단 SFC 사태와 같은 문제가 발생해도 상호 연대를 중단하거나 문제를 제기하지 않는다.

장신대 동아리 동성애 관련 논란

장신대 동아리 '암하레츠' 동성애 관련 활동과 강연이 한 신대원 학생의 폭로로 논란이 되었다. 논란이 된 동아리 강연(불장난)의 강사로 초청된 양희송은 신대원 학생의 문제 제기를

장신대 암하레츠 (도시 빈민 선교회)의 '불장난' 강연 포스터(출처: 포스터 사진 캡처)

의식하여 긴 반박 글을 청어람 홈페이지에 게시한다.

문제를 제기한 이 신대원생은 '암하아레츠'의 동성애 옹호 사건뿐만 아니라 강사인 양희송의 소속 단체를 성서한 국이라고 언급하며 성서한국과 관련한 종북 논란과 장신대 학부 사경회에서 발생한 강사의 종북 발언 등의 문제점들을 논리적으로 지적했다. 양희송의 글에서 문제가 되는 부분들을 톺아보기 전, 신대원생의 문제 제기를 먼저 살펴보자. 논의를 위해 신대원생의 주장을 그대로 인용했다.[30]

1. 암하레츠의 동성애 옹호

작년 1학기 말, 장신대는 동성애 논란으로 큰 혼란에 휩싸인 바가 있었습니다. 장신대 공식신문인 신학춘추는 퀴어신학이라는 이단적 신학을 한국 교회에 들이고자 한 '임보라'를 옹호하는 기사를 써서 크게 논란이 되었습니다. (http://www.christiantoday.co.kr/news/301013)

이에 대하여 신학춘추 주간인 구약학 하경택 교수는 다음과 같이 언급하였습니다.

"장신대는 동성애와 관련하여, 교단신학교로서 교단의 입장을 따른다", "금번 신학춘추 기사 중 신학적 성찰 없이 단순 소개하여 오해의 소지가 있는 내용들이 게재된 것에 대해 유감을 표명한다", "추후에 이런 일이 재발하지 않도록 철저하게 지도하겠다"

이러한 상황 가운데, 작년 2017년 9월 18-21일에 개최된 대한예수교장로회 제102회 총회에서는 동성애에 대한 단호한 입장을 취하면서도 동성애 반대/동성애 혐오를 분리하고자 하였습니다. (http://wh.pck.or.kr/pm/linkdown.htm?lid=5aa763fe5425304d5f01)(총회 회의록 37쪽, 52쪽, 1631쪽, 1848쪽 참조)

그럼에도 불구하고 9월 25일에는 학부 총학생회가 통합 총회의 동성애 반대 결의에 반대하며 큰 소란을 일으켰습니다. (http://www.timesisa.com/news/view.html?section=photo&no=18052)

이 때 학부 총학생회 회장 Y군은 동성애 진영의 임보라와 연대하였습니다.(https://blog.naver.com/dreamteller/221142185803)

이러한 어수선한 분위기 가운데, 다음 달 10월 말, 동아리 암하레츠는 박진영 목사를 초청하였습니다. 박진영목사는 임보라 목사 그리고 동성애 운동 단체인 '친구사이'

와 직간접적으로 연대하며 동성애 옹호 전선의 한 축을 맡고 있습니다. 암하레츠는 10월 말에 공지글에 나온대로 장신대에서 '불장난'을 한 것입니다. 이번 2018년도 1학기 암하레츠 강사진 중에서 이화여대 백소영 교수는 동성애를 죄로 해석하지 않습니다.

아래 링크 참조해주세요.(낸시랭의 신학펀치 제23회 '동성애는 죄인가요, 죄가 아닌가요?' https://www.youtube.com/watch?v=8Ynd_XTniss)

2. 암하레츠 강사진들의 주요 소속 단체인 '성서한국'의 북한 주체사상 옹호/종북 노선 논란

이번 암하레츠의 강사진들을 보니 무려 4명이 성서한국과 관련한 사람들입니다. '이만열(성서한국 공동대표), 김근주(성서한국의 산하단체 '기독연구원 느헤미아'의 대표), 양희송(청어람ARMC), 백소영 교수(성서한국의 강사).' (양희송과 성서한국의 관계는 다음의 링크 참조, http://m.newsnjoy.or.kr/news/articleView.html?idxno=210927)

(이하 중략…)

뉴스앤조이의 성서한국과 청어람 관련 기사들만 검토해 보아도 청어람과 성서한국의 관계가 양희송의 반론처럼 가끔 강연해주고 돕는 관계라고 보기 어렵고, 양희송을 성서한국 관련자라고 지적한 신대원생의 주장이 상당한 합리적 개연성을 갖는다고 볼 수 있다.[31]

　　동성애 이슈를 다루는 강연을 열었던 '암하아레츠' 동아리의 활동에 관한 비판과 관련하여 자신이 언급된 것에 대해 양희송은 "장신대 내에서 동아리 활동의 자율성이나 신학적 소신의 문제이니 외부인 내가 관여할 문제는 아니다. 적절한 토론이 있기를 기대한다. 단, '동성애 이슈'를 둘러싼 사안의 복잡성을 염두에 둘 때, 신학교 내에서 자유로운 토론 자체가 금지되어서는 안 된다는 것이 평소 나의 소신이며, 이 사안의 '신학적 논쟁(theological argument)'과는 별도로 '목회적 접근(pastoral approach)'은 그대로 확보되어야 한다고 생각한다는 점을 밝혀둔다."라고 대응했다.[32]

　　그러나 이미 앞 장에서 검토한 바와 같이, 청어람은 '암하아레츠'의 활동보다 더 심각하게 동성애를 옹호하고 동성애에 비판적인 교단을 혐오 세력으로 규정하고 있다. 심지어 교회와 성도들의 표현의 자유와 종교의 자유를 억압할 수 있는 혐오 규제 입법을 지지하고 그 입법 논리를 교계에 확산시키는데 앞장서고 있다.

성서한국의 종북 논란과 법원의 판결

양희송은 "성서한국은 로잔언약의 정신을 따라 '복음전도'와 '사회참여'의 균형을 추구하는 복음주의 신앙 운동의 전통 위에 있다"라고 주장하며 종북 논란을 일축했다. 그는 박성업이 공개강연에서 성서한국을 '종북'이라고 비판하여 명예훼손 혐의로 피소된 사건에 관해 언급하면서, "나는 1심에서 500만 원이 선고되었을 때 제대로 잘 판결했다고 생각했는데, 2심에서 150만 원으로 벌금이 깎이고 일부 무죄가 났다는 내용을 듣고 매우 실망했다. 판결 요지는 '성서한국을 종북 좌파라고 주장한 것은 피고인의 가치판단이나 평가를 내용으로 하는 의견표명에 불과하다'며, 이를 '허위사실의 적시나 비방의 목적이 있다고 볼 수 없고, 검찰의 증거가 충분치 않았다'고 되어 있다. 재판 결과를 너무 낙관하고 충분히 대응하지 않았구나 싶었다"라고 설명했다.[33]

그러나 항소심 법원의 판단은 양희송의 주장과 매우 다르다. 법원은 "주체사상을 신봉한다든가 종북 좌파라는 취지의 표현을 사실의 적시로 본다고 하더라도 피고인 및 변호인이 원심 및 당심에 이르러 제출한 증거들에 의해 인정되는 성서한국의 구성원이나 예하 단체의 그동안의 활동 내역을 종합해 보면 피고인의 위와 같은 표현이 허위 사실에 해당한다고 단정하기도 어렵다. 나아가 사람을 비방할

목적 관련, 피해자 성서한국이나 그 구성원들, 개인인 피해자들 또는 그들이 가입한 단체는 해당 종교계나 정치, 사회의 다방면에서 일정한 이념적 스펙트럼 하에 일정한 지위와 영향력을 가지고 활발한 활동을 하고 있고, 그러한 활동 과정에서 다양한 사회적, 정치적, 이념적 문제에 대하여도 자신들의 가치관이나 의견을 직접적으로 표명하기도 하였던 점 등의 사정을 인정할 수 있는바 이와 같은 피해자들의 지위와 적극적 활동 내용을 고려하면 피고인이 위와 같은 표현을 사용한 것은 합리적 근거가 있을 뿐만 아니라 상당한 범위 내에서 피해자들에 대한 비판과 평가 내지 사실의 적시를 허용할 필요가 있고 이는 해당 종교계나 그 구성원 전체의 관심과 이익에 관한 내용으로 볼 수 있다."라고 판시했다.[34]

다시 말해, 재판부는 박성업이 '성서한국'에 대해 주체사상을 신봉한다든지 종북 좌파라고 사실을 적시한 것이 합리적 근거가 있으며, 주체사상 신봉이나 종북 좌파라는 '성서한국'에 대한 평가가 적시되는 것은 기독교계의 이익을 위해 허용할 필요가 있다고 본 것이다.

제 5 장

일방적인 북한옹호 활동

위에서 청어람의 활동들을 다루면서 성서한국을 위시한 교회개혁실천연대와 기윤실이 함께 연대하여 활동하고 뉴스앤조이가 이들의 활동을 알리는 역할을 해왔음을 설명했다. 여기서는 김성욱 전 뉴데일리 논설위원의 기사를 기초로 교회 내 좌파 단체들의 북한정권 옹호 문제를 보다 구체적으로 다루어 보도록 하겠다.[35]

남북 화해와 한반도 평화를 염원하는 한국기독교 3.1선언

교회개혁실천연대(이사장 홍정길, 공동대표 박은조 · 백종국 · 임성빈 · 전재중, 자문위원장 손봉호), 기윤실(공동대표 방인성(뉴스앤조이 대표) · 백종국 · 박종운, 고문 손봉호 · 이만열 · 한완상), 성서한국(공동대표 김명혁 · 박종화 · 손봉호 · 이만열 · 이승장 · 홍정길, 이사 허문영 외 사무총장 구교형) 등은 2012년 3월 1일 '남북 화해와 한반도 평화를 염원하는 한국기독교 3.1선언'에 참여했다.

이들 단체는 천안함 · 연평도 사건 이후 북한의 위협에 대응한 '키리졸브 훈련' 중단을 주장하는 한편 대북지원을 주장했다. 당시 성명은 "남북 간 대화의 문은 닫힌 지 오래며, 벼랑 끝까지 가 있는 북핵 문제는 언제 풀릴지 요원하다"며 "서해 충돌의 단초가 된 키리졸브 한미합동 훈련이 봄철로 예정되어 있어 작년 연평도 포격사태와 같은 불행한 참화가 있을까 심히 염려된다"고 밝혔다.

이들은 천안함 · 연평도 사건을 북한의 도발이 아닌 소위 '서해 충돌'로 정의한 뒤 한 걸음 더 나가 "서해 충돌의 단초가 된 키리졸브 한미합동 훈련"으로 표현, 마치 한미연합군사훈련이 평화를 파괴한 것인 양 주장했다.

성명은 이어 "한국 정부는 올해 더 큰 위기를 부를 키리졸브 군사훈련 계획을 중단하고, 일촉즉발의 위기가 상존하는 서해의 공동협력방안 등 군사적 신뢰 구축 방안을 구체적으로 마련하라"고 촉구했다

또한 "남북 화해 협력사업들은 하나같이 좌초 위기를 맞고 있다"며 "한국 정부는 어떠한 이유로든 쌀을 포함한 대북인도적 지원을 멈추지 말고 즉각, 그리고 대량으로 재개하라"고 했다. 이러한 북한의 일방적인 입장을 담은 성명

을 발표한 개신교 단체는 아래와 같다(단체의 대표 등 실명은 2013년 보도일 기준이다).

개척자들
공의정치포럼(대표: 이만열, 홍정길)
교회개혁실천연대(백종국, 오세택, 정은숙)
교회2.0목회자운동(실행위원장: 신형진)
기독교윤리실천운동(공동대표: 박은조, 백종국, 임성빈, 전재중)
기독 청년아카데미(원장: 오세택)
담쟁이숲아카데미(대표: 김형일)
생명평화연대(대표: 최철호)
성서한국(공동대표: 김명혁, 박종화, 손봉호, 이동원, 이만열, 이승장, 홍정길)
SFC사회변혁국
평화와 통일을 위한 기독인연대(상임대표: 박종화, 손인웅, 이규학, 이영훈, 홍정길)
평화누리(공동대표: 고상환, 김애희)
하나누리(대표: 방인성)
희망정치시민연합(대표: 강경민, 백종국)
희년함께(공동대표: 김경호, 김영철, 방인성, 이대용, 이해학, 전강수, 허문영, 현재인)
이상 15개 단체

기윤실의 국보법 폐지 활동

특히 기윤실은 '국가보안법 폐지 국민연대'에 참여해 국보법 폐지 활동에 동참했다. 이명박 정부 시절부터 제주 해군기지 건설 반대 투쟁에 참여해왔고, 총선과 대선 무렵엔 나꼼수 김용민 등과 함께 소위 올바른 선택을 위한 자료집을 발간했다. 아래는 김성욱 논설위원이 정리한 문제의 내용들이다.

▶ 사회주의 운동 전면화 시킬 것 : "사회주의 운동을 탄압하는 국가보안법을 철폐하자!(…) 수많은 노동자들이 비정규직과 정리해고로 고통 받고 있고 연애와 결혼, 출산 등 기본적인 인간다운 삶조차 보장받지 못하는 젊은이들이 넘쳐나고 있는 이때(…) 자본주의를 극복하고 새로운 사회로서 사회주의에 대한 고민과 관심이 고조될 수밖에 없는 이때 사회주의 운동을 탄압하는 국가보안법을 철폐하자!(…)국가보안법 철폐투쟁을 통해 한국 사회에서 사회주의 운동이 전면화, 대중화되는 계기를 만들어갈 것이다(2012년 5월23일 노동해방실천연대(준)에 대한 국가보안법 탄압 규탄 긴급기자회견 참가자 일동)"

▶ 김정일 찬양자 윤기진* 구속 규탄 : 민주민생평화통

권연대 대표에 대한 국가보안법 실형선고를 규탄한다. (…)검찰은 국가보안법을 남용하여 개인에 대한 반인권적 탄압을 자행하였고 오늘 재판부는 검찰의 어처구니 없고, 무자비한 탄압에 동조하여 실형을 선고하였다.(2012년 10월29일)

* 윤기진은 자신이 이끌어 온 이적단체 범청학련남측본부가 각종 자료·성명 등을 통해 김정일을 "7천만을 재결합할 민족의 지도자·구국의 영웅" 등으로 찬양해 온 인물이었다.

▶ 미군 철수 · 연방제 주장해 온 연방통추 구속 비판 : "김수남* 전 의장 등 우리민족연방제통일추진회의(연방통추)에 대한 국가보안법 탄압을 즉각 중단하고 회원들을 즉각 석방하라!(…)연방통추는 주한미군 철수와 조국의 자주통일을 위한 여러 실천 활동을 벌여왔던 단체이다. (…)한반도의 평화와 통일을 바라고 노동자의 권익을 위해 노력하는 단체마다 이적단체라고 규정하여 탄압하는 공안기관의 무분별하고 광폭한 탄압에 분노하지 않을 수 없다(2010년 6월17일)"

* 당시 연방통추 수사결과에 따르면, 구속된 김수남은 "2003~2010년 간 중국 심양으로 10여회 출국해 북한의 지령을 받았고, 2010년 4월초에는 자살한 연방통추 초대의장 강희남 유골 일부를 북한 혁명열사릉에 안치하도록 한다는 목표 아래 在中(재중)총련 의장 양○○을 만나 유골 북송을 부탁했던" 것으로 밝혀졌다.

▶ 종북(從北)단체 실천연대 옹호 : "남북공동선언실천
연대(실천연대*)는 2000년 남북정상회담 이후 6.15 공동
선언의 실천을 위해 만들어진 민간 통일운동 단체이다.
촛불항쟁에 앞장선 진보진영에 대한 이명박 정권의 정
치보복이자, 공안기구와 국가보안법을 동원한 폭압정치
외에는 강부자를 비롯한 1% 특권층만을 위한 정책을 더
이상 펼치기 어려운 이명박 정권의 위기의식의 발로이
다.(…)시대착오적인 행태를 거듭 반복한다면 제2의 촛
불이 심판에 나설 것임을 정부와 공안당국은 똑똑히 알
아야 할 것이다(2008년 9월29일)"

* 실천연대는 주한미군 철수·국가보안법폐지·연방제통일 등 북
한의 대남적화노선을 추종해오다 이적단체(利敵團體)로 판
시된 단체. 이 단체는 북한인권 문제 제기를 "인권을 빌미
로 한 대북(對北)음해공작"으로, 탈북자들은 "북한사회에 적응
하지 못해 도망친 사람들"이며 "일부 탈북자들의 주장 외에는
'정치범수용소'의 존재 증거조차 없는 것이 현실(2010년 1월22
일 논평)"등으로 비난해왔다.

▶ 빨치산 추모제 중학생 참가시킨 전교조 교사 옹호 :
"전교조 통일교사 김○근씨 구속을 강력히 규탄한다.(…)
전북지방경찰청 보안수사대는 학생들을 데리고 통일행
사에 참가해 빨치산을 추모하고 이적표현물을 배포한 혐
의로 전교조 소속 김○근* 교사를 국가보안법으로 구속
했다. 정부당국의 이번 조치는 전교조에 대한 마녀사냥

식 공안탄압의 일환이며, 반민주 반인권 반통일악법 국
가보안법 오 · 남용의 대표적 사례다(2008년 1월29일)"

* 김○근 교사는 2005년 5월28일 전북 순창 회문산 청소년수
련원에서 열린 '남녘 통일애국열사 추모제'에 임실 관촌중 학
생·학부모 등 180여 명을 인솔, 행사에 참석한 자이다. 전야제
(前夜祭)에선 빨치산을 "통일애국열사"로 찬양하는 등 극단적
주장이 쏟아졌다.

제 6 장

김용민과 벙커원 교회, 도올 김용옥

김용민은 한국 교회를 향한 막말과 비하를 비롯하여 콘돌리자 라이스 전 미국무장관에 대한 성폭행과 살인 발언으로 사회적 물의를 일으킨 인물이다. 중앙일보는 지난 2012년 총선에 출마한 김용민이 "살인범을 풀어 라이스 전 국무장관을 강간해서 죽여야 한다"고 발언한 뒤 크게 비난받았던 사실을 보도했다.[36] 김성욱 전 뉴데일리 논설위원이 정리한 김용민의 한국 교회 비하 발언은 다음과 같다.

▶ 음담패설과 교회 조롱 : 나꼼수 방송에서 "음담패설을 일삼는 목사아들 돼지 김용민입니다"라며 "오늘날 한국 교회는 일종의 범죄 집단과 다르지 않다"고 말하고 "한국 교회는 척결(剔抉)의 대상"이라고 했었던 인물이다 (2012년 2월10일 방송). 목사들에게 "x까"라고 욕을 퍼

붓고 목사가운을 입고 축도를 하기도 했었다.

▶ 성경·찬송 등 개작(改作) : 2011년 10월 24일 나꼼수 25회 방송에서 김용민은 "꼼수 그리스도 특별찬양예배를 드리겠습니다"라고 하고는 찬송 338장 "내주를 가까이 하려 함은…"을 개작하여 "내곡동 일대를 사려함은"으로 부르고 축도로 예배를 마치겠다고 했었다.

벙커원 교회와 가나안 성도

현재 김용민이 사역하고 있는 '벙커원 교회'에 대해 '복음과 상황'이 상세히 보도했다. 독자들의 이해를 돕기 위해 아래에 복음과 상황이 보도한 기사를 그대로 인용하였다.

벙커원교회 운영위원 하석범 목사와 청어람 양희송 대표기획자
ⓒ복음과상황

장신대 신대원 학우회와 청어람이 함께 마련한 강좌 '다시, 프로테스탄트'에 벙커원교회 운영위원 하석범 목사와 청어람 양희송 대표기획자(대표)가 함께 나섰다. 두 사람이 10월 29일 오후 7시부터 두 시간 넘게 장신대 소양관 310호에서 주고받은 발제와 토론의 주제는 '가나안 성도'였다. 양 대표가 가나안 성도 현상의 개요와 요인분석을, 하 목사가 벙커원교회의 운영사례를 바탕으로 대안의 단초들을 제시했다.

가나안 성도에 대한 통계자료(실천신대 조성돈, 정재영 연구)를 바탕으로 먼저 발제를 시작한 양 대표는 "교회를 떠난 사람들 중 교회를 한 번도 옮긴 경험이 없는 사람이 45.7%였다"며 "이는 결코 상습적으로 교회를 옮겨 다니는 사람들이 아님을 의미한다"고 말했다. '교회를 떠난 이유'에 대다수 응답자가 '자유로운 신앙생활' '목회자에 대한 불만' '교인들에 대한 불만'을 꼽은 것에 대해 가벼이 여기면 안 된다는 뜻이다.

양 대표는 "한 사람의 성도가 교회를 떠나면 남아 있는 교인들은 별일 아닌 것처럼 받아들일 수 있으나, 떠난 성도는 '절대 교회로 돌아오지 않을 이유'를 안고 떠난다"며 한국 교회가 보여준 부정부패, 획일적 문화, 계급구조 등 은 가나안 성도 개개인들에게 트라우마를 심고 그들을 교회밖으로 밀어내는 요인이라고 봤다.

이에 더하여 성도들을 교회 밖으로 끌어당기는 요인이 있다고 본 양 대표는 "(교회와는 달리) 개인의 신앙이 존중 되고, 신앙적 회의와 변증에 즉각적으로 반응해주고, 여러 실천적 행동을 함께할 수 있는 교회 밖 모임들이 생겨나고 있다"고 근거를 제시, '복음주의클럽' 등을 예로 들었다.

양 대표는 또, 진보와 보수 양쪽 성향의 교인 모두가 교회를 떠나고 있는 현상을 지적하면서는 "구원의 확신을 가진 가나안 성도가 이미 상당수다"라며, 가나안 성도의 내적 질문이 구원의 확신이 아니고 '교회란 무엇인가'에 대한 교회론의 문제라고 풀이했다.

이어진 발제에서 하석범 목사는 "1년 반 정도 봐오면서 7~10년 간 교회를 안 다녔던 분도 교회에 나온다. 가나안 성도가 벙커원교회에 많이 유입된 것은 사실인 것 같다"고 말했다. 양 대표가 '가나안 성도 대상으로 가장 두각을 나타낸 교회 중 하나'라고 벙커원교회를 소개한 것에 대한 답이었다.

벙커원교회는 3무(三無)교회다. 등록, 헌금, 직분이

없다. 교회의 세를 불리고, 계급 문화를 양산하는 구조를 없앤 것이다. "교회에 오는 사람들이 부담 없어 한다. 심지어 불교인들도 온다"는 게 하 목사의 설명이다. 가나안 성도들이 '부담 주지 않는 교회' '편안한 교회' 등에 가고 싶다고 응답한 것을 뒷받침하는 현상이다.

'편안한 교회'가 무정부적 상태의 교회를 의미하지는 않는다. "교인들은 때로는 '기체'상태로, 때로는 '액체'상태로, 더러는 '고체'상태로 교회에 머무르며 저마다의 신앙을 생활하고 있다"는 게 하 목사의 관찰 결과다. 교인들은 편하게 예배만 드리고 가기도 하지만, 모여서 소그룹 성경공부를 하기도 하고, 소모임을 만들어 쌍용자동차 노동자 시위 현장(대한문)에 계속 '올인'하기도 한다. 특히 벙커원교회가 지향하는 바인 '종교민주화'가 이루어지고 있는 소모임이기도 했는데, 하 목사는 "기존 교회 안에서 질문이 있는 신앙교육이 있느냐, 교인들의 비판적 사유와 성찰을 돕는 질문이 허용되고 있느냐"고 반문하며 질문이 허용되는 신앙 교육의 수평적 소통이 벙커원교회의 소모임 세미나에서 진행되고 있음을 말했다.

끝으로 벙커원교회가 앞으로 갈 길에 대해서 "(벙커원교회는) 평신도 교회로서 끊임없이 실험의 단계를 밟는 중이다. 계속 변화하고 있고, 앞으로 어떤 변화가 더

있을지 모른다."라고 설명하면서도 '정의' '평화' '생명'과
같은 보편적 정서를 축으로 교회 공동체가 이뤄지고 있
음은 확실하다고 전했다.[37]

도올의 마가복음 강해

위의 내용으로만 보면, 크게 문제의식을 느끼지 못하는
독자들도 있을 것이다. 그러나 벙커원 교회에서 도올 김용
옥이 강의하는 내용은 큰 문제들을 가지고 있다. 최근 도올
김용옥은 김용민을 자신의 한신대 제자라고 밝히면서, '벙
커원 교회'에서 설교한 내용을 묶어 '도올의 마가복음강해'
라는 책을 출판했다.[38]

도올의 마가복음 강해는 예수님의 부활은 신화에 불과
하며, 십자가와 부활을 중심으로 한 '복음'이 바울에 의해
구성된 '거짓'이라는 메시지를 전한다. 그는 교회사에 등장
한 예수님의 신성을 부정한 이단적 기독론과 동일한 주장
을 펴고 있다.

표현의 자유와 종교의 자유를 우리 헌법이 보장하고 있
기 때문에 이들에게도 자신의 신앙과 사상을 고백하거나

주장할 권리가 있다. 그러나 주의해야 할 것은 바로 이들의 사상과 주장들이 특정 정당과 후보들에 의해 정책과 법으로 실현될 수 있다는 것이다.

동성혼 합법화를 지지하거나 동성애에 대해 긍정적으로 표현하는 것은 표현의 자유로 보장되고, 신천지 등 이단의 신앙과 교설 역시 종교의 자유와 표현의 자유로 보장되지만, 정통교회가 이러한 것들에 대해 비판하고 위험성을 알릴 수 있는 표현의 자유만 법으로 제한될 수 있는 위험성이 존재한다. 따라서 선거에 임하는 기독교인의 성경적 정치의식이 매우 중요해지는 시대적 상황이다.

제 7 장

동성애 정치투쟁과
사회주의 혁명의 관계[39]

동성애 정치투쟁은 사회주의 혁명 그 자체

　동성애 정치투쟁과 사회주의 혁명은 어떤 관계가 있을까? 우리는 그동안 순진하게도 동성 간의 애정행각이나 성도덕의 측면에서만 동성애를 인식해 왔다.

　유럽에서도 동성애를 정치투쟁의 전략 전술로 활용하는 세력들은 당당히 동성애 정치투쟁을 사회주의 혁명 그 자체라고 밝히고 있다. 2011년 이스트런던 '자긍심 행진(퀴어 퍼레이드)'의 조직자로 활동했던 콜린 윌슨(Colin Wilson)과 사회주의 역사학자 노라 칼린(Norah Carlin)은 "동성애자 억압에 맞서는 투쟁은 자본주의 사회를 철폐하고 자본주의가 왜곡한 성과 성역할을 바로 잡는 투쟁이다. 여기서 핵심은 노동계급이 주도하는 사회주의 혁명을 통해서만 이런 변화를 이룰 수 있다"라고 주장했다.[40]

이들은 성과 성역할 등 가정을 구성하는 인간의 성을 정치와 권력의 문제로 인식한다. 또한, 기독교를 철저하게 적으로 간주한다. 자본주의를 철폐하려면 이것을 지탱하고 있는 가족제도와 인간의 '성'을 혁명적으로 재구성해야 할 뿐만 아니라, 그 배경에 정신적 지주로서 존재하는 교회를 파괴하지 않으면 안 된다는 혁명적 사명을 갖게 되는 것이다.

68혁명과 해체의 이데올로기

서유럽의 좌파들은 스탈린(1879-1953) 시대의 소련이 보여준 현실에 괴로워했다. 유토피아의 약속은 환상이었고 현실은 정치범 수용소와 학살로 상징되는 독재자 개인 숭배와 전체주의 독재정치였다. 루이 알튀세르의 소련에 대한 비판과 마르크시즘의 위기에 대한 성찰을 재인식할 필요가 있다.

유럽이 2차 세계 대전의 상처를 회복하고 경제적 번영을 누리던 시기에 발생한 68혁명은 볼셰비키와 소련이 추구한 형태의 혁명이 아닌 새로운 세계 변혁의 길을 예비했다. 마오쩌둥의 '문화혁명'을 유럽의 신세대 좌파들이 자신들의 취향에 맞게 변형·수용한 인간개조의 혁명이 전개된 것이다. 68혁명의 이념은 마오이즘과 음란한 히피문화, 여기에 프랑크푸르트학파의 철학과 구조주의·후기 구조주의 철학 등이 융합되어 형성되었다. 이 저항의 이데올로기는 교회와 전통을 해체하여 유럽과 세계를 변화시켰다.

한 마디로 서구가 이룩한 '근대성'(modernity)을 해체하는 저항의 이데올로기가 탄생한 것이다. 서구의 '근대성'은 사실상 프로테스탄티즘(종교개혁의 신학과 신앙)이 기초가 되어 형성된 자본주의와 자유민주주의 체제로 설명할 수 있다. 68혁명의 저항 이데올로기는 바로 이러한 서구사회를 지탱해 오던 정신과 권위, 그리고 질서를 철저하게 해체하는 것을 목표로 하는 것이고, 교회가 가지고 있던 모든 지적·도덕적 영향력(헤게모니)을 분쇄하고 무신론과 유물론이 지배하는 사회를 지향하는 것이다.

이 과정에서 가장 기본적인 창조 질서를 상징하는 '남·여'라는 주어진 성별의 해체와 '젠더' 개념을 통한 성의 재구성이 혁명의 전략 전술로 활용되었다. 이후 결과적으로 '젠더'마저도 해체해버리는 구원과 해방의 혁명 전선이 젠더 이데올로기로 구축된 것이다.

펠릭스 가타리의 분자혁명

성정치 · 성혁명 이론을 본격적으로 국내에 소개하고 확산시키는 이론가가 집필한 펠릭스 가타리의 혁명사상에 관한 연구서에는 다음과 같이 그의 핵심 사상이 소개되어 있다. 성정치 · 성혁명의 동성애 정치투쟁 진영의 사상을 압축적으로 요약할 수 있는 내용이기 때문에 그대로 인용하고자 한다.

아직도 혁명을 얘기할 수 있는가? 이념에 입각하여 대중을 지도하고 대중의 힘을 집중하여 (그 형태는 봉기이다) (국가)권력을 장악하는 것을 혁명이라고 할 때, 여전히 그러한 혁명이 필요한가? 자본주의의 폐절을 주장하는 사람들은 과연 어떤 혁명의 상을 가지고 있을까? 소련이나 동구의 붕괴를 경험하고도 여전히 그러한 혁명을 주장할 수 있을까?

지금까지는 혁명을 권력 장악이라는 관점에서 주로 파악해 왔다. (중략) 서구에서는 68혁명을 계기로 많은 사람들이 이와는 다른 다양한 실천과 사유를 수행해 왔다. 특히 '마키아벨리-스피노자-마르크스-니체-들뢰즈'라는 소수적 또는 유물론적 사유 흐름 위에서, 전위당 모델을 비판하고 분자적운동(노동 거부에 기초한 자기 가치증식 운동, 여성 운동, 소수자운동 등 '아우토노미아[자율]운동)을 통해 사회를 변화시키려는 방향에 주목해 왔다.

다수적인 사유를 대표하는 주체철학(데카르트)에 근거한 입장에서는 이성적인 인간을, 구체적으로는 백인-남성-어른-이성애자-토박이-건강인-이라는 표상을 준거로 하여 사회를 위계화해 나갔다. 소수적이고 유물론적인 흐름에 서 있던 푸코, 들뢰즈, 가타리, 네그리 등은 근대적인 표준적 인간상을 파괴하고, 그 인간상으로부터 주변적이고 소수자적인 위치로 밀려난 개인들 및 집단들(유색인-여성-어린이-동성애자-환자-이민자)을 복권시키려고 하였다. (중략) 자본주의는 노동자계급의 노동력을 착취하고 생산관계를 자신에게 유리하게 조종하는 동시에 피착취자들의 욕망경제 속으로 스며들어간다는 것이다.

여기서 가타리는 혁명투쟁을 계급대립이라는 세력관계 수준에 한정하지 말고, 자본주의에 오염된 욕망경제의 모든 수준(개인, 부부, 가족, 학교, 활동가집단, 광기, 감옥, 동성애)으로 확장해야 한다고 강조한다. (중략) 욕망분석의 방법으로서 가타리는 분열분석을 제기한다. 분열분석은 욕망하는 생산의 '모든 전선'에서의 정치투쟁을 모색하는 방법이다. 단일한 영역에서 초점을 맞추지 않고, '한 전선'에서 다른 전선으로 지속적으로 움직여 가

는 것(횡단성, 유목주의)을 지향한다.[41]

혁명은 유목민처럼 전선을 이동하며 이루어진다. 모든 생활영역이 혁명 전선으로 바뀐다. 부부의 침실까지도 혁명의 전선이 된다. 동성애의 확산과 동성혼의 합법화는 해방과 혁명의 신호탄이다. 결국, 이들의 지향점은 자본주의와 교회가 사회적으로 갖는 도덕적-규범적 권위의 폐절이다.

정치혁명의 수단이 된 성소수자 인권과 한국 좌파

이러한 유물론을 중심으로 한 사상사적 흐름이 자연법과 자연권이라는 신학적 근거에서 파생된 근대적 인권 패러다임을 해체시키고, 역설적으로 생명을 경시함으로써 인간의 존엄성을 위협하는 무신론적·유물론적 인권이론으로 구성되었다.

치료를 받기 위해 음지에서 사회로 나온 LGBTQ들을 '젠더 이데올로기'의 증거로 포착해 이들을 정치혁명의 수

단으로 활용하면서 LGBTQ 문제가 의료나 복지의 차원이 아니라 인권으로 포장되는 상황으로 전개된다. 혁명 세력은 법을 통해 LGBTQ 등의 병리적 문제나 위험성 등을 설명하거나 연구하는 것을 원천적으로 봉쇄하고, 시민들로부터 표현의 자유를 박탈하기에 이른다.

선진적 인권사상으로 위장한 저항과 혁명의 이데올로기가 이제 한국 사회와 법체계에 안착하려고 투쟁을 벌이고 있다. 소련과 동구 사회주의권의 몰락, 그리고 북한 체제의 실상이 드러난 이후 방황하던 한국의 좌파 세력들은 바로 이 유럽을 휩쓸고 북미를 변화시킨 신좌파의 새로운 혁명 이데올로기를 수입해서 한국을 혁신적으로 변화시키려는 의욕에 사로잡혀 있다.

한국 좌파의 두 세력, NL과 PD

한국 사회의 정치 · 경제 · 사회 · 문화 · 학술 전 분야에 포진한 소위 좌파(진보) 성향 인사들은 기본적으로 80-90년대 대학가에서 유행하던 '사회구성체론'과 '종속이론'을 대학 내 지하 동아리와 운동권 조직을 통해 학습한 경력을 가지고 있다. 이 세력 중에서 주체사상으로 무장한 파벌을 NL(민족해방세력)이라고 하고, 레닌주의를 내면화한 파벌을 PD(계급혁명세력)라고 지칭한다.

한국 사회 전반에 큰 영향력을 행사하고 있는 NL과 PD 두 좌파 세력은 민족이 우선인가 또는 계급혁명이 우선인가 하는 노선 차이를 가지고 서로 노선경쟁을 벌여왔다.

NL 출신들은 현재 소위 '친노 정치 파벌'의 핵심으로 정부와 여당, 그리고 해산된 통합진보당의 핵심 인사들이다. 사실상 좌파의 주류 세력인 NL은 PD와 연합하여 노조, 교수집단인 민교협, 법률가 집단인 민변 등에서 지도부로 활동하고 있다.

사회구성체론:
좌파가 한국 사회를 파악하는 기본 시각

NL과 PD가 운동권 시절 공통으로 학습한 '사회구성체론'은 이들 양 세력이 한국 사회를 바라보는 공동의 토대가 된다. 현재 한국 사회가 앓고 있는 이해하기 힘든 좌파적 병리 현상은 이 이론을 분석할 때, 그 이해의 실마리를 잡을 수 있다.

사회구성체론이란 '사회=사회구성체'라는 지극히 자의적이고 평면적인 도식에 기초하여, '한국 사회의 성격 논쟁'을 벌이는 것을 이론화한 것이다. 한마디로 표현하면 '한국

사회의 성격에 대한 논쟁을 이론화'한 것을 '사회구성체론'
이라고 할 수 있다.

기본적으로 마르크스와 레닌의 이론에 대한 해석과 실
천에 있어 발생한 입장 차이로 이들의 노선이 NL과 PD로
갈리게 된다.

NL의 시각: 반미와 반기독교

우선 다수파에 해당하는 NL 계열은 민족주의를 배경으
로 관료 독점 자본과 이에 따른 외국 자본에 의한 한국 사
회의 종속을 강조한다. 한국 사회의 성격을 제국주의 지배
하의 식민지 또는 (신)식민지로 규정한다. 따라서 이들은
식민지 해방(종속으로부터 주체성을 회복)을 위해 '김일성 주
체사상'을 이념적 대안으로 설정하고 반제국주의 민족자주
투쟁에 참여하게 되는 것이다.

이들은 해외에서 들어온 '원조'나 '차관'이 산업구조의
파행성을 심화시키고, 이것이 '한국 관료 독점 자본'의 물적
기반이 되는 동시에 대외종속성의 강화로 귀결된다고 주
장한다. 군부독재 세력은 미제국주의(미-일 동맹으로 일본이
포함된 제국주의 세력) 통치자들의 대리통치 세력이 된다. 여
기서 미국의 원조는 특히 중요한 위치를 차지하는데 이를
분배하는 과정에서 분단 전 형성된 서북지역의 기독교 세

력이 미국을 등에 업고 남한의 강력한 정치세력이 되었다고 본다.

그들이 볼 때, 남한의 기독교 세력은 '서북청년단'으로 대표되는 '극우 반공 집단'인 동시에 기독교를 통해 제국주의 압제자인 미국과 연결되어 '미국 원조'의 분배에 참여하게 됨으로써 한국 사회에서 강력한 힘을 축적한 집단일 뿐이다.

결국, 그들은 기독교와 미제국주의를 타도하여 주체적인 국가를 건설하는 혁명을 지상 과제로 삼았다.

민족주의 좌파 기독교 세력이 발행하는 '한신학보'라는 학술지가 중심이 되어 '사회구성체론'을 둘러싼 이론 논쟁을 이끌었다. 주로 NL 출신 주사파 활동가들이 한신대 출신인 것은 우연이 아니다. 이들은 목사로 활동하며 동성애를 정치 전략으로 활용하는 동시에 주한미군 철수 운동 등 반미 투쟁을 전개해 나간다.

PD의 시각: 혁명에 방해가 되는 교회

이러한 좌파 내부 논쟁 과정에서 이론에 치중한 '아카데미즘'을 비판하고 실천 위주의 투쟁을 강조하는 세력이 등장하였다. 사회구성체론에서 제국주의와 반제국주의 투쟁보다 국제적 관점에서 '계급성'과 '계급투쟁'의 중요성을 강조하는 세력이 나타나게 되는데 이들이 PD 계열을 형성하게 된다.

계급투쟁을 강조하는 세력의 이론적 근거는 바로 마르크스와 레닌의 '계급 의식론'이다. 이들에게 체계화된 철학이란 계급적 세계관을 의미한다, 이들은 사상이나 이론은 그 자체가 계급적 존재의 반영이라는 마르크스의 입장을 따른다. 이러한 사상은 '계급성'(klassengeist)이란 범주가 곧 사유의 기본적인 범주로서 정립됨을 의미한다.

다시 말해, 교회는 이들에게 프롤레타리아 계급의 혁명 의식을 저해하고 허위의식으로 민중을 속이는 혁명에 방해가 되는 세력이자 아편인 것이다.

좌파의 반미와 반기독교 사상

북한의 핵 개발과 외교 · 안보 위기 속에서 도저히 합리적인 상식으로는 이해할 수 없는 사드배치 반대 투쟁, 주한미군 철수 투쟁 등의 동기와 이유를 이해하기 위해서라도 이들의 사상과 이데올로기를 이해하는 것은 매우 중요하다. 이들의 정치적 목표인 한미동맹 해체와 주한미군 철수를 위해서는 소위 한미동맹과 안보를 중요시하는 교회가 먼저 해체되어야만 한다.

교회는 반공과 한미동맹을 중시하는 정치의 정신적 지주 역할을 하고 있기 때문에 교회가 정치적 · 사회적 영향력을 상실하고 멸절되지 않는 한 이들이 원하는 혁명과 해방은 불가능하다고 할 수 있다. 따라서 이들의 투쟁에서 한국 교회의 멸절은 주한 미군 철수와 민족해방을 위한 전략적 선결 조건이 된다. 이를 수행하기 위해 이슬람세력과 동맹을 맺고 반미-반기독교 투쟁을 벌이는 동시에, 동성애를 정치투쟁의 도구와 전략 전술로 활용하고 있는 것이다.

이들이 전향했다고 하더라도 기독교에 대한 적대감이나 반감까지 버렸다고 보기는 어렵다. 교조적으로 마르크스-레닌주의를 따르지 않는다고 해도 무신론과 유물론의 영향은 그렇게 쉽게 소멸되지 않는다.

제 8 장

신영복, 지하당 조직원을 교회에 심다

문재인 대통령이 공개적으로 존경한다고 표현한 '신영복'은 교회 내 사회주의 확산과 매우 관련이 깊다. 일부 목회자들이 '신영복'을 존경한다고 설교 중 발언에서 논란이 되기도 하였다. '통혁당' 사건으로 사형선고를 받은 김질락의 회고록을 통해 신영복이 기독교 선교단체 CCC에 사회주의 혁명 추종자들을 조직원으로 침투시킨 정황이 드러났다. 배진영 기자가 정리한 내용을 직접 인용하면 다음과 같다.[42]

신영복 "외견상으로 볼 때 누가 봐도 저는 순수한 자유주의자죠. 학생들에게 강의할 때 될 수 있는 대로 쉽고 재미나는 말로 계급의식을 주입시키지요. 예컨대 원시사회에는 인간이 뛰어다니며 자연을 착취하며 살았고, 좀

더 편하게 살자니 농사를 지었다. 농사짓는 것보다는 남이 지어 놓은 농사나 재물을 빼앗는 게 훨씬 수월했기 때문에 부족 간에 싸움이 생기고, 이긴 자는 지배자가 되고 진 자는 노예가 되었다. 그리스 문화만 하더라도 노예의 희생 위에 성립된 것이었다. 그러니 인간은 자연을 착취하는 데서 인간을 착취하는 방향으로 지능이 발달했다.

이런 식으로 인류역사가 계급투쟁사임을 인식시키는 거죠.

이런 방법이 훨씬 안전하고 사회주의를 모르는 친구들에게는 잘 들어가는 것 같습니다."

신영복은 서울대 경제학과를 졸업하고 숙명여대 등에서 강사로 활동하며 자유주의자로 위장하여 사회주의 계급이론과 혁명론의 확산을 위해 노력했다. CCC에 조직원을 심은 정황에 대해서는 다음과 같다.

김질락의 증언: 육군 중위 신영복은 이미 육사 교수부에 근무하고 있었다. 회합은 초기에는 매주 한 번씩으로 정

하였으나 구체적인 회합의 시일과 시간은 육사 교관인 신영복의 편의에 따라 신축성 있게 수시로 변경되었다. (중략)

나는 이진영과 신영복을 교양하면서 여러 가지로 그들의 인품과 사고의 특수성을 간파하는데 상당히 신경을 썼다. 적어도 이들 두 사람은 나를 만나기 전에 이미 사회주의에 대한 ABC를 알고 있었고, 자진해서 내가 이끄는 방향으로 따라왔다. (중략)

나는 이진영과 신영복에게 사회주의 혁명에 대한 교양을 강론하는 한편, 그들로 하여금 그들 자신이 혁명의 주체라는 인식을 갖도록 경제분야는 신영복, 사회문화분야는 이진영, 그리고 나는 정치분야를 담당하여 보다 광범위한 교양자료를 수집하며 연구 검토하기로 했다.

나는 그들의 의식수준이 어느 정도 사회주 단계에 들어갔다고 생각한 후에야 비로소 종태 삼촌으로부터 불온문서를 받아 신영복에게는 〈청춘의 노래〉, 이진영에게는 〈제야의 종소리〉를 주며 읽어보라 했다.(중략)

신영복은 나를 만나기 전부터 기독교 학생단체인 CCC 내에 경제복지회와 서울상과대학 내의 경우회에 관련하고 있었고, 구성원의 대개가 이화여대 학생으로 이루어진 여학생 서클을 하나 지도하고 있었다. 가급적이면 기

존 서클에 당원을 침투시킨다는 지하당 조직방법은 신영
복에게 있어서는 손바닥을 뒤집는 거나 다름없었다.

　　조직원을 침투시켜서 사회주의 혁명론을 확산시키는
지하당 조직책으로서 신영복이 탁월했다는 김질락의 증언
이다. 이러한 방식으로 교회 내에 사회주의 혁명투쟁을 확
산시키는 조직원을 얼마나 침투시켰을지는 알 수 없는 일
이다. 교회 내에 사회주의가 급속도로 확산되는 현상은 결
코 우연이 아니었다.

혁명을 포기하지 않은 사회주의자, 신영복

　　신영복은 육군사관학교 교관으로 근무하던 1968년 통
일혁명당(이하 통혁당) 사건에 연루돼 무기징역을 선고받았
다. 통혁당은 북한 노동당의 지령과 자금을 받아 움직였던
반체제 지하조직이다. 다음은 김성훈 기자가 정리한 내용
을 직접 인용한 것이다.[43]

신 교수가 수감 중이던 1975년 북한은 신 교수의 북송을 요구한다. 북한은 당시 공산 월맹에 억류된 이대용 공사 등 한국 외교관 3명을 한국에 수감된 북측 인사 21명과 교환하기 위한 교섭을 벌인다. 그러나 중월 간의 갈등과 북한의 친중노선에 분노한 공산 월맹이 세 외교관을 한국에 그냥 보내면서 교섭은 무산됐다. 북한이 송환을 요구한 인사들의 명단에는 신 교수도 포함돼 있었다고 한다.

신 교수는 1988년에 전향서를 쓰고 수감생활 20년 만에 가석방된다. 그러나 1998년 8월 '월간 말'과의 인터뷰에서 사상 전향을 부인하며 통혁당 가담은 양심의 명령 때문이었다고 말한다.

"물론 사상을 바꾼다거나 그런 문제는 아니고 밖에서 사회활동을 하는 가족들이 그게 좋겠다고 권해서 한 겁니다... 전향서를 썼느냐 안 썼느냐가 문제의 본질은 아니라고 생각해요... 감옥 안에 있으면서 내가 왜 그토록 어려운 일에 뛰어들었는가. 상당히 진지하게 고민해 봤는데 결론은 양심문제였어요."

출소 후 성공회대학교 교수로 재직하다 2006년 퇴임하고, 동 대학 석좌교수로 활동했다. 그는 2003년 인문교

양계간지 '황해문화'와의 인터뷰에서 북한 체제를 옹호하고 한국을 비난하는 발언을 한다.

"한민족의 세계와의 관계방식에 있어서의 2개의 축이 있습니다. 그 하나는 주체성입니다. 민족의 내부결속과 단결을 통하여 주체성을 강화하는 방식이었다고 보여집니다... 북한의 경우에는 주체성을 강화했습니다. 그리고 다른 또 하나의 축은 개방성입니다... 남한의 경우는 개방을 통해서 문화적, 물질적으로 성장한 반면에 민족의 주체성을 잃고 종속화되어 있다고 할 수 있는 것이지요."

같은 인터뷰에서 북한 핵을 옹호하고 동맹국인 미국을 비판하는 입장도 보인다.

"북한의 의도와 미국의 의도를 나눠서 본다면 북한은 70년대 초반부터 지속적으로 미국과의 평화협정을 주장했어요. 그런데 미국이 늘 기피했죠. 그래서 사실은 핵카드의 의미가 체제보장이라고 지금 흔히 알려져 있듯이, 휴전체제를 평화체제로 전환하고 북한이 자기들의 경제문제에 전력투구할 수 있는 조건을 만들려고 하는, 이런 평화체제를 위한 협상용의 성격이 저는 북한 핵의 기본이라고 봅니다. 한편 미국의 입장에서 보면 중국과 러시아를 상대로 하는 동북아의 새로운 냉전구조에 대비한, 또는 새로운 적을 만들어내는 미국의 전통적인 국가전략과 관련해서 북한 핵을 다루고 있다고 할 수 있습니다."

1996년 8월 '월간 말'과의 인터뷰에서는 자본주의를 비판하고 사회주의를 옹호하는 주장을 한다.

"사회주의적 시도가 실패한 것은 사실입니다. 그러나 사회주의의 긍정성에 대한 많은 사람들의 공감이 있는 한 그 장점은 역사 속에서 계속 살아남을 것입니다. 새로운 조건에서 새로운 시도가 필요합니다... 역사적으로 사회주의적 이념은 자본주의를 수정해 내고 규제해 내는 역할을 훌륭하게 해냈습니다... 사회주의가 20세기 후반에 자본주의와 의 경쟁에서 패배했다는 사실을 대부분의 사람들이 인정하고 있습니다... 사회주의는 자본주의에 비해 이노베이션의 요인이 훨씬 적습니다. 그러나 저는 멀

쩡한 기계, 기술, 자원을 효율이나 생산력의 입장에서 폐기하는 것은 좋은 일이 아니라고 봅니다. 성장에 대한 어떤 환상, 이것이 바로 자본의 이데올로기입니다. 그런 의미에서 역설적이기는 하지만 유럽의 경제학자들이 말하는 성장을 안 하는 것이 좋다는 제로성장론이 마음에 듭니다."

1993년 5월 '월간 길'과의 인터뷰에서는 혁명투쟁을 선동하는 듯한 말도 한다.

"오늘날의 변혁운동도 다양한 입장 차이를 뛰어넘으려는 노력에만 머물러서는 안 되고 다양한 인적 구성, 다양한 세대 차이를 뛰어넘어서 변혁전통을 통합해 내려는 노력도 중요하다고 봅니다. 제가 젊어서 통혁당을 할 때만 해도 늘 선배가 없다는, 생각해 보면 오만하달 수도 있는 그런 불만을 가졌습니다. 그러나 살아오면서 이어짐을 과소평가하거나 간과하고는 진정한 사회역량의 집결은 불가능하다고 느낍니다... 교도소에 들어가서 일제하, 만주 팔로군, 대구 10 · 1사건, 구빨치산 · 신빨치산... 그분들을 만나면서 단순히 역사로서 이해하던 해방 전후의 정치상황을 피가 통하고 살이 통하는 것으로 이해하게 되었습니다. 나로서는 감동적인 경험이었지요. 그런 힘 들이 우리 사회의 저변에 잠재해 있습니다. 그렇기 때문 에 패배는 없고 언제나 승리라는 말이 있는 거지요. 혁명 세력이 집권하지 못했다고 해서 프랑스혁명은 실패했다 고 한다든지, 관군에게 패배했다고 동학혁명이 실패했다 고 하는 말이 어리석은 이유가 여기에 있다고 봅니다."

신영복을 존경한다는 이들의 정체는

예장 합동 목사의 신분으로 어떤 자는 종교개혁 500주 년에 '동학혁명'을 강조하고 다니는 등 이해할 수 없는 기현 상들이 교회에서 발생하는 것은 우연이 아니었다. 문재인 대통령을 비롯하여 교회 내에서 신영복을 존경한다고 밝힌 인사들은 사망할 때까지 김일성에 대한 충성심과 사회주의 혁명을 포기하지 않은 신영복의 사상을 모를 리가 없다. 그 렇다면 이런 인물을 존경한다는 사람들의 정체는 무엇일 까?

기독교 청년 단체나 복음주의 운동을 표방하는 세력들

이 왜 반미-반자본주의 사상을 교회의 청년들에게 학습시키고 주한미군 철수를 주장하는지 그리고 천안함 피격과 연평도 포격을 당하고도 일방적으로 북한의 입장만을 북정권의 대변인인 양 외치는지 그 이유를 이제 독자들이 상당 부분 이해하셨으리라 확신한다.

그렇다면 기독교인이 이런 인물을 정신적-사상적 지주로 내세우는 정당과 정치인을 지지할 수 있겠는가?

국민의 안전보다 이데올로기가 앞설 때

중국 우한에서 발생한 코로나바이러스감염증-19(이하 코로나19)의 세계적 전파로 전 세계가 긴장하며 방역에 힘쓰고 있다. 대부분의 국가들이 의학적 이유로 전염병의 확산 방지를 위해 중국인의 입국을 금지했음에도 불구하고 문재인 정부의 지나친 친중 사대로 우리나라는 중국인 입국금지 조치를 하지 않았다. 문정부의 친중 정책이 불러온 비극은 코로나19 전염병 방역 실패로 이어져 전국의 국민이 전염병으로 고통받고 있다. 광적인 이데올로기 앞에서는 과학도 의학도 의미가 없는 것이다.

기독교인들이 현명하게 선거해야 하는 이유는 지금의 사태처럼 바로 정치가 우리의 생명과 안전과 직결되기 때문이다. 신영복이나 리영희 교수와 같은 친중–종북 이론가들의 영향을 받아서 사이비 종교와 같이 중국 공산당을 신봉하는 자들은 국민의 생명과 안전보다 이데올로기를 우선시한다. 전염병 방역 실패로 인해 교회는 공예배를 인터넷 예배로 대체해야 하는 아픔을 겪고 있다.

제 9 장

정당과의 관계

지금까지 살펴보았던 한국 교회 내 좌파 정치투쟁을 주도하는 단체들과 인사들은 특정 정당과 정치인의 정치노선과 정책을 지지하기 때문에 성경적 세계관을 정치와 법의 영역에서 수호해야 하는 기독교인에게는 분별이 필요하다.

한마디로 말해, 한미동맹을 해체해서 대한민국 체제를 위협하려고 하는 정당이나 후보를 선거를 통해 지지하면 교회 존립의 기반이 되는 자유민주주의 체제 자체가 위협을 당하게 된다. 또한 동성혼과 동성애 합법화를 당론으로 하여 추진하거나 교회의 입을 막아 표현의 자유와 종교의 자유를 억압할 수 있는 악법인 '차별금지법'을 입법하고자 하는 정당과 후보를 지지하면 그 결과로 교회가 그대로 피해를 입게 되는 것이다.

복음주의를 표방하는 좌파 단체들은 동성애 정치투쟁을 지지하고, 그 논리와 주장을 교회 내에 전파하는 역할을 하고 있다. 보수신학을 고수하는 주요 개신교 교단을 동성애와 소수자(여성, 이슬람, 난민 등) 혐오 세력으로 규정하고 강력하게 비판하는 좌파 정치운동 진영의 인사들과 연대하고 이에 동조하고 있다.

심지어 교회와 목회자, 그리고 성도들의 종교의 자유와 표현의 자유를 위축시킬 수 있는 혐오 규제 입법과 차별금지법 도입의 필요성에 관한 주장과 이론들을 기독교계에 확산시키는 역할도 수행하고 있다.

2008년부터 소위 복음주의 단체들은 연합하여 광우병 촛불시위 선동과 이명박-박근혜 정부에 대한 반정부 정치투쟁에 참여했으며 제주 강정해군기지 반대 운동과 반미주의 좌편향 정치운동을 평화운동이라는 미명 하에 적극적으로 실행해 왔다. 이러한 활동들은 강연, 인터뷰, 북콘서트, 토크콘서트 등의 형식으로 이루어졌다.

영국에서는 최근에도 트랜스젠더에 친화적인 교육에 대해 자신의 기독교 신앙을 내세운 교사가 해고당했다.[44] 또한 기독교인 의사가 수염을 기른 남자를 '여성'으로 인정하지 않았다는 이유로 해고되었다.[45] 영국뿐만 아니라 캐나다 토론토에서도 목사가 LGBT 주거지에서 전도를 위해 노상에서 설교하다가 체포당했다.[46]

이러한 '젠더 이데올로기'의 강력한 정치적-법적 흐름 속에서 기독교인의 종교의 자유와 표현의 자유가 심각하게 제한되고 침해되고 있는 것이 영국과 캐나다 등, 기독교의 영향력이 강했던 국가들의 현실이다.

이러한 현실을 국내에 알리고 차별금지와 혐오 규제라는 명목으로 자유를 제한하는 법의 입법을 막기 위한 노력들을 '가짜뉴스'로 매도하고 일방적으로 동성애 정치투쟁의 논리들을 확산시키는 뉴스앤조이와 협력하고, 영국식 차별-혐오 규제 법제를 국내에 도입하고자 하는 전문가와 청소년 동성애를 인권이라고 주장하는 전문가를 주 강사로 초대하여 이들의 논리와 운동을 교회 내에 확산시키고자 노력하고 있는 것을 복음주의 운동이라고 볼 수 있을까?

또한, 기독교 윤리와 신학적 숙고 과정을 배제하고 '낙태'가 권리(여성의 재생산권)라고 주장하는 페미니즘 단체와 협력하여 여과 없이 이들의 주장을 교회 내에 확산시키는 활동을 복음주의 운동이라고 할 수 있을까?

우리 기독교인들은 이러한 정치적 혼란 속에서 교회를 지키고, 우리의 기본권인 '표현의 자유'와 '종교의 자유'를 수호하기 위해 현명한 정치적 판단과 이에 따른 올바른 '선거'를 해야만 한다.

2부
교회의
잘못된 정치참여 방식

제 1 장

계란은 한 바구니에 모두 담지 않는다

10월 3일 시청과 광화문

앞서 언급한 김용민이 주도하는 '평화나무'는 2019년 10월 3일에 있었던 반기독교 정책을 추진하는 정부를 비판하고 견제하기 위한 보수 개신교계의 활동들을 맹렬히 비난했다. 평화나무는 '문재인 하야 범국민투쟁본부'(이하 범투본, 총괄대표 전광훈 한국기독교총연합회(한기총) 대표회장, 총괄본부장 이재오 자유한국당 상임고문) 집회가 광화문에서 이루어지고, 시청역 앞에서는 전국 17개 광역시도 226개 시군구 기독교연합회에서 주관하는 '국가를 위한 한국 교회 기도의 날'(운영위원장 임영문 목사) 행사가 별도로 추진된 것에 대해 양측 모두를 비난했다.[47]

광화문 집회를 여는 전광훈 한기총 대표회장은 시청역 앞에서 열리는 해당 집회를 불편해했다. 전 대표회장은 9월 28일 대국민 담화를 발표하여 "좌파, 종북주의자들이

노리는 게 뭐냐? 우파 분열이다. 기도를 하면 나보다 더하냐? 당신들이? 40일 금식기도도 안 한 놈들이 지금 와서 기도한다고 떠든다. 분리하는 것은 마귀다. 10월 3일은 기도한 것을 집행하는 날이다. 하나님이 앉으라 할 때 서 있거나 걸으면 죄다"라며 '한국 교회 기도의 날' 연합 기도회를 '우파 분열'이라며 비난했다.

'한국 교회 기도의 날'을 홍보하는 한국 교회 연합기도회 유튜브 영상들에도 "한기총 주최 범국민운동본부 방해하는 건가요? 하나로 연합해서 해야죠. 깨어 있는 성도는 광화문 이승만 광장으로 갑니다", "여기는 가짜입니다! 이승만 광장에서 모여야 해요", "한국 교회는 모두 광화문 이승만 광장으로 모여야 합니다. 함께하지 않는 지도자들과 성도님들은 성령의 역사를 거스르는 것입니다", "분열, 훼방시키려고 같은 날, 따로 다른 곳에서 또 하는 겁니까?" 등의 댓글이 달렸다. 페이스북에서는 "광화문 모임을 배신한 자들", "분탕질"이라는 비방도 보였다.[48]

심지어 전광훈 목사는 '한국 교회 기도의 날'을 준비하는 목사님 두 분의 실명을 명시해 비난하는 신문광고를 내기도 했다.

분열과 분별의 차이

그러나 '범투본'의 주장과 달리, '강성'과 '온건'으로 그 성향이 분리되어 집회를 여는 것은 정치적인 측면에서 주최 측이 하나로 합쳐지는 것보다 훨씬 더 효과적이라고 할 수 있다. 광화문에서 시작하여 시청으로 이어지고 서울역까지 연결된 집회의 규모와 열기는 강력한 정치적 에너지가 될 수 있었다. 문재인 정권이 긴장한 것은 그동안 적극적 정치 행동을 자제하던 보수교회가 거리로 나왔다는 사실이지, 그동안 정치 활동을 꾸준히 해 온 전광훈 목사의 등장이 아니다. 주최 측이 '범투본'으로 단일화되면, 최근 '자유통일당(최근 우리 공화당과 합당하였다)' 창당에 관여하고, 이미 '기독자유당'이라는 정당 활동을 하고 있는 전광훈 목사에 대한 프레이밍 공격에 보수 교계 전체가 매도당할 수 있는 위험이 발생한다.

　　오히려 그동안 잠잠하던 온건한 보수교회들마저 반대의 목소리를 강력하게 낸다는 사실 자체가 반기독교 정책을 펴는 정당과 대통령에게 더 큰 정치적 압박이 될 수 있었다. 만약 10월 3일 이후에 시청 쪽의 기도회가 지속적으로 활성화될 수 있었다면, 나라를 염려하는 집회와 기도회에 참가할 의사는 있으나 한기총과 전광훈 목사의 이미지 때문에 참여를 고민하는 많은 교회들도 시청 쪽에 부담 없이 합류할 수 있었기 때문에 더 많은 교회가 참가해서 교계의 효과적인 정치적 시민운동이 가능했을 것이다.

'범투본'으로 주최 측을 단일화하는 것을 시도하다가 무산되자, '한국 교회 기도의 날'을 공격한 행동이 바로 보수 교계의 분열을 일으키고, 반기독교 세력에게 반격의 기회를 제공하는 매우 위험한 노선이었다.

왜 우리는 성찰하지 못하는가

결국, 대형교회들이 적극적으로 참여한다는 범투본의 주장들은 '허언'으로 끝나고 말았다. 이런 선동적 발언들도 의도적인 것이었는지 총선 이후, 면밀하게 따져보아야만 한다.

결국, 전 목사의 극렬 지지자들과 정치적 이해 관계자들을 중심으로 반정부 투쟁이 광화문에 집중되면서 중도적 시민들의 참여를 유도해 지지 세력을 확장하는데 실패하고, 문정권의 반격 타겟을 바구니 하나에 몰아주는 정치적-전략적 실수를 하게 되었다.

그리고 이렇게 결집된 정치적 에너지가 전광훈 목사가 관여하는 특정 정당의 지지층으로 활용될 수 있다는 상황도 참여자들 대부분은 모르고 있었다. '나라를 구한다'는 명분 아래 광화문 집회에 참가한 대부분의 교회와 성도들은 '집회만으로 나라를 구할 수 있는가?' 또는 '이 집회가 어떤 정치적 성과를 이루었는가?'에 대한 합리적 문제의식도 갖지 못한 채 막연한 기대감으로 참여했다는 사실 자체가 향후 교회의 정치참여 방향과 방식에 대한 고민을 불러일으킨다고 할 수 있다.

또한, 기독교의 기도회인지 정치집회인지 구분이 안 되는 집회방식으로 인해 '배교'와 '이단' 논란 등 상당한 신앙적-신학적 문제도 일으켰다. 성숙하지 못한 정치의식과 방법론, 그리고 전략적 미숙함이 '선동'과 '대중동원'에만 투쟁이 집중되는 양상으로 나타나고 있다.

최근에는 코로나19의 확산으로 대형집회에 대한 국민 여론이 좋지 않음에도 집회 강행을 위해 여러 가지 부적절하고 성숙하지 못한 발언을 해서 기독교 이미지를 실추시키고 정치적 역효과를 불러일으키고 있다.

여러 경로의 비판과 교회들의 참여 거부 의사를 의식해서 장외집회는 취소되었지만, 공보적-전략적 관점에서 시민들을 자극하고 교회를 불신하게 할 만한 발언들이 전 목사 구속 이후에도 관계자들에 의해 지속적으로 등장해서 비판적 여론을 일으키고 있다. 장기적으로 교회의 이미지를 부정적으로 형성하는 것은 총선 후 '차별금지법' 입법 정국에서 시민들이 교회에 등을 돌릴 수 있게 만드는 매우 위험한 방식이라고 지적하지 않을 수 없다.[49]

제1야당 대표를 위험에 빠트리다

전광훈 목사는 황교안 대표가 장관직을 제안했다는 실언으로 제1야당 대표를 정치적 위험에 빠트리기도 했다. 차별금지법과 동성애·동성혼 지지 세력인 '뉴스앤조이'가 이를 대서특필하고, JTBC, MBC, 한겨레가 일제히 황 대표에 대해 맹공을 펼쳤다.[50] 헌금 운용 방안을 "황대표가 가르쳐 줬다"는 전 목사의 발언 또한 각종 언론이 황대표와 야당 관련 비판여론을 조성하는데 강력한 재료와 자양분이 되었다.[51]

이러한 정치적 돌발성과 위험성 때문에 당시 한국당이 전광훈 목사와 거리 두기를 시도하자, 전 목사 추종자들과 '범투본'은 집중적으로 황 대표를 비난하기 시작했다. 심지어 전 목사는 야당 대표를 자신이 마음대로 좌지우지할 수 있는 위치에 있다는 것을 과시하듯이 "황 대표를 가르치려 했으나 잘 안 된다. 정치인이 아니다"라는 문제의 발언을 하기도 했다.[52]

현대정치가 프레임 전쟁이라는 측면에서 상고해 보면, '공보 차원'에서 발언이 관리되지 않는 전광훈 목사 자체가 야당과 야당 대표를 정치적으로 위험에 빠트릴 수 있기 때문에 야권의 '선거 리스크'가 될 수 있다고 평가할 수 있다. '전광훈-황교안'을 같은 이미지로 묶어서 프레이밍하는 좌파 언론들의 공격 전략을 쉽게 파악할 수 있음에도 객관화에 익숙지 못한 많은 기독교인들이 이러한 문제들을 인식하지 못하고 있다.

정치에 접근하는 잘못된 방식의 위험성

특히, 하나님으로부터 받은 직통 계시의 내용을 광장에서 선포하여 정치적 영향력을 확대하는 방식은 매우 위험하다. 기독교인은 질병 앞에서 기도하지만, 병원에 가서 치료받는 것도 거부하지 않는다. 질병의 경우처럼, 정치와 선거에도 전문가의 분석과 비평의 대상이 되는 과학적 영역이 존재한다. 하나님으로부터 받은 계시가 선포되는 순간, 과학적 분석과 비평들이 그 계시의 내용과 다르다는 이유로 하나님을 대적하는 것이 될 수 있다.

일부 기독교 이단들이 신앙을 근거로 외과수술을 거부하는 등의 잘못된 신앙을 고수하기도 하는데 전문가와 과학을 무조건 불신하는 태도는 믿음이 좋은 것이 아니라 잘못된 신앙이다.

지금 광화문에서 기독교인을 중심으로 일어나고 있는 이상 과열 현상과 집단적 컬트화는 교회 수호에 도움이 되는 것이 아니라 역설적으로 반기독교 정당(정치인)과 정책을 돕는 일이 될 수 있다. 한국 사회에 잘못된 정치의식을 기독교의 이름으로 확산시키는 것은 국가적으로도 지양되어야 하며 기독교인으로서 사회적 책임감을 인식하는 것을 통해 극복되어야만 한다.

제 2 장

목사의 '정당활동'은 독이 될 수 있다

목사의 정당활동

전광훈 목사는 2016년 12월 제19대 대통령선거 당시, 교회 사무원인 A씨에게 장성민 국민대통합당 후보 관련 소식이나 기사 등을 포함한 문자메시지를 작성하도록 했다. 이후 교인들과 청교도 영성훈련원 원생 등 4,410명에게 기사 URL 등을 덧붙인 문자메시지를 발송했다. 2017년 3월까지 전 목사가 보낸 문자는 약 400만 건이고, 1,000번 넘게 걸쳐 보내진 문자 처리 비용은 약 4,800만원이었다. 이러한 활동 때문에 공직선거법 위반 혐의로 기소되어 2020년 1월 6일 대법원에서 유죄가 확정되었다.[53]

전광훈 목사가 지지한 장성민 후보는 C종편 방송국의 시사 프로그램 진행자로 활약하면서 '연방제 통일방안'을 지지하는 것으로 보이는 문제적 발언을 해서 당시 게스트였던 김성욱 대표가 이에 강력히 반발하며 촬영장에서 나

가버리면서 녹화가 중단되었던 사건의 당사자이기도 하다.[54]

2019년 10월 3일 이전 전광훈 목사는 김무성 의원을 자신의 교회에 초대해 '대통령감'이라고 추켜세우고, 탄핵은 "김무성 의원의 잘못이 아니고, 박 전 대통령이 자초한 것"이라고 발언했다. 또한, 자신의 주요 지지층인 태극기 부대를 "정치 수준이 낮아서 한국 정치 발전에 장애가 되는 세력"이라고 폄하하기도 했다.[55]

자유로운 정치적 견해를 표현하는 것과 특정 정치인 지지 표명이 문제가 되는 것이 아니다. 주로 전광훈 목사가 이끄는 '범투본', 그리고 그가 김문수 전 지사와 함께 창당한 '자유통일당'의 지지자들이 박근혜 전 대통령 탄핵에 대해 강력한 비판의식을 가지고 있는 것이 아이러니라고 할 수 있다.

전 목사를 선지자라고 따르는 수많은 추종자들이 이 사실을 인지하고 있지 못한 것인지 아니면, 인지하고 있더라도 이와 상관없이 맹목적으로 추종하고 있는 것인지 알 수 없는 일이지만 목사이자 한기총 대표인 전광훈 대표회장의 정치적 행보는 언제든 기독교가 비난을 받게 될 개연성이 충분하기 때문에, 보수 교계에는 잠재적 '정치적 리스크'라고 할 수 있다.

통합을 전제로 우파 정당을 창당하는 것이라고 말하지

만(후보단일화를 약속했지만 선거일 전까지 이것이 이루어질 수 있을지는 의문이다) 기존 제1야당의 공천심사위원회가 구성된 후 창당하는 것은 공천에 관한 지분 요구가 수용되지 않았기 때문에 창당하는 것으로 보일 수 있어서, 그 창당의 명분과 정당성을 확보하기 어렵다고 할 수 있다. 그래서 창당대회는 아니라도 창당발기인 대회 정도는 (구)한국당의 공천심사위원회가 구성되기 전에 하는 것이 정상적이라고 할 수 있다.

더욱이 교회의 담임목사직을 사임하지 않고 자유통일당 창당에 관여하고, 기존의 기독자유당을 사실상 운영하는 것은 논란의 여지가 있다. 기독자유당 내에서도 정말로 후원회장 역할만 하는 것인지 의문이 생긴다. 공식적으로 당직이 없고 후원회장인 전 목사가 기독자유당의 비례대표 후보자들을 함부로 발표해서 언론의 비판을 받기도 하였다. 후원회장이 함부로 개인적 친분을 기초로 비례대표 순번을 정했다고 언론에 발표하는 것은 기독교에 대한 이미지 실추를 넘어서 관리할 수 있는 정치적 위험의 한계를 넘어선 사건이라고 설명할 수 있다.[56]

전 목사는 공직선거법 위반으로 최근 다시 구속되었다. 공직선거법 위반으로 이미 대법원에서 유죄가 확정되었음에도, 또다시 공직선거법을 위반해 목사가 구속되었다는 팩트 자체가 교계에는 '위험 요인'이 될 수 있다.

미국의 마이크 허커비 전 아칸소 주지사도 공화당 소속 정치인인데 침례교 목사 출신이다.[57] 목사 출신은 정치인이 될 수 없다는 뜻이 아니라 정치를 하려면 목사직을 사임해야 한다는 뜻이다. 마이크 허커비가 존경받는 공화당원이자 보수 정치인인 것은 별개의 문제지만 목사 출신 정치인에게 특별히 더 높은 도덕성이 요구되는 것은 당연하다.

목사가 반기독교 정책이나 법안을 추진하는 정치인이나 정당을 비판하고, 반대로 친기독교 정책의 정당 또는 정치인을 공개적으로 지지하는 것은 당연한 일이다. 목사가 기독교 정치인을 신앙적으로 지도해주고 기도해 주는 것역시 자연스러운 일이다. 목사가 반기독교 악법에 반대하는 적극적인 시민운동의 리더가 되는 것도 문제가 될 수 없다.

그러나 목사직을 유지하면서 정당과 정치활동을 하는 것은 교계에 폐가 될 수 있다. 전광훈 목사가 절대 정치를 하는 것이 아니라고 주장하는 지지자들도 있는데 선거에 출마하는 것만을 정치하는 것이라고 볼 수 없다. 특정 정당의 창당에 관여하고, 또 다른 정당을 사실상 좌지우지하는 인사가 정치를 안 한다고 주장하는 것을 상식적으로 누가 수용하겠는가?

프레임 전쟁과 패배의 원인

현대정치는 사실상 프레임 전쟁이다. 대중은 합리적으로 사고하기보다는 만들어진 프레임 안에서 생각하고 이를 강화시킨다. 가령, '국정 농단', '적폐 청산'이라는 프레임을 언론의 선동과 이에 호응한 대중이 만들어 내면 반대하는 인사나 세력을 '국정농단 세력' 또는 '적폐'로 몰아 간단하게 제압할 수 있다. 2008년 광우병 상황에서도 아무리 전문가가 진실을 말해도 대중은 듣지 않았다. 만들어진 프레임, 즉 '뇌송송 구멍탁'이라는 강력한 메시지가 대중의 의식을 지배했기 때문이다.

'범투본'의 가장 중대한 실수는 프레이밍 반격이 가능한 위험한 구호들의 남발이었다. 10월 3일에도 주저 없이 '419식 혁명'이라는 표현을 사용하고 지금까지도 '10월 혁명 00일'이라는 혁명 구호를 남발하고 있다. 광화문 광장을 이승만 광장이라고 명명하고 문재인을 심판하는 혁명을 '419식 혁명'이라고 표현하는 '넌센스'는 범투본이 프레임 전쟁에 대해 얼마나 무지한지 보여주는 방증이다.

'419 민주 정신'은 폄하되어서는 안 된다. 그러나 매우 조심스럽게 다루어져야 '이승만의 건국'과 양립 가능하도록 해석할 수 있다. 복잡한 문제를 담은 사안을 쉽게 구호로 남발해서 이승만 건국 대통령을 문재인 수준의 대통령으로 스스로 평가절하하는 어리석은 판단을 행동으로 옮긴 것이다.

문재인 정권의 가장 큰 문제점은 법치의 파괴라고 할 수 있다. 이들이 헌법 위에 군림하는 초헌법적 세력이라고 자임하는 이유는 자신들을 '촛불혁명정권'이라고 간주하기 때문이다. 삼권분립을 무시하고 견제와 균형의 공화제를 파괴하는 이유도 혁명정부는 헌법 위에 군림할 수 있다는 잘못된 소신 때문이다.

문재인 정권의 실정과 싸운다는 '범투본'이 내세운 것은 7백만 명 이상의 서명(10월 당시 기준)을 받았기 때문에 자신들이 헌법보다 더 큰 권위를 가지고 있다는 명분과 정당성이었다. 촛불을 들고 나온 국민들 다수에 의해 세워진 정부이기 때문에 초헌법적 세력이라고 자임하는 문재인 정권이 구사하는 논리와 다를 것이 없다. 헌법파괴세력을 막겠다고 나선 이들이 동일한 논리로 자신들이 헌법 위에 있다고 주장하는 것은 무슨 아이러니인가?

아무리 다수의 뜻이라고 해도 그것이 헌법을 넘어서는 권위를 가질 수는 없다. 다수가 주장한다고 해서 그것이 옳은 것(진리)을 보증하지는 않는다. 우리는 인류의 역사에서 광기에 휩싸인 다수와 어리석은 선택을 한 다수를 심심찮게 목격할 수 있다. 이것이 바로 헌법이 존재하는 이유이다. 자유민주주의와 인권 등 인류가 추구해 온 보편적 가치와 원칙이 담겨있는 헌법이 모든 이가 따라야 하는 기준이 될 때 자유민주주의가 지켜질 수 있는 것이다. 어떤 강력한 권력자도, 그 어떤 다수도 모두 이 헌법의 지배를 받는 것이 바로 입헌주의의자 법치주의의 정신이다.

입헌주의와 자유민주주의에 대한 몰이해를 드러내는 이러한 다소 저급한 정치투쟁양상이 한국정치에 끼치는 영향은 부정적이다. 그것도 '범투본'의 주요 지지 세력이 '교회'라고 알려진 상황은 장기적으로 시민들 사이에서 반기독교 정서를 강화시킬 수 있는 매우 위험한 것이라고 지적하지 않을 수 없다.

여기에 더해 공산주의자들의 '인민재판'을 연상시키는 '국민재판'을 통해 정권과 좌파 세력을 심판한다는 주장까지 등장했다. 선동을 위한 극단적인 구호들은 장기적인 관점에서 오히려 '혐오 세력'으로 프레임 당할 수 있는 위험한 행동들이다.

김용민이 '평화나무'를 설립하여 운영할 수 있는 기반도 역설적으로 전 목사와 '범투본'의 활동 덕분이다. 강력하게 비판할 대상이 존재하고 이를 통해 지지자와 후원자를 모집할 수 있는 구조가 형성된다. 평화나무가 보도한 '범투본'이 소위 10월 혁명의 국민재판을 통해 주장한 내용들은 자유민주주의를 지지하는 상식을 가진 시민이라면 비판을 하지 않을 수 없는 심각한 것들이었다. 김용민의 평화나무가 보도한 내용을 직접 인용하면 다음과 같다.

▲자유민주주의 · 자유시장경제 · 한미동맹 · 기독교입국론 반대세력 척결 ▲박근혜 전 대통령 완전 석방 및 원대복귀 후 명예 은퇴 ▲'주사파' 고무 찬양 · 동조자 처벌 ▲동성애 · 차별금지법 · 이슬람 추종자 처벌 및 국가인권위원회 즉시 해산 ▲군인 · 경찰 · 공무원 · 법원 계엄령 참여 금지 ▲'주사파 언론' 가짜뉴스 엄단 및 처벌 ▲향후 5년 동안 노동운동(민노총) 금지 ▲이승만 기념관 건립 및 광화문광장 명칭 이승만광장으로 변경 ▲북한 찬양자 북한으로 이주 ▲세계기독청 건립 ▲내년 4월 15일 대통령 · 국회의원 동시 선거 및 개헌 투표 등을 결의했다.

전 대표회장은 이날 국민재판이 헌법 위에 있다고 주장했다. 초법적 권위의 근거는 몇 달 전부터 매달려온 '문재인하야 천만명 서명'에서 찾았다. 그는 "국민재판의 헌법적 권위를 갖기 위해 1000만명 서명을 진행했다. 1000만명은 안됐지만 820만명을 돌파했다"며 "이 행사가 끝난 후에 2000만명까지 서명받기 위해서 서명책 3만권을 가져왔다. 주사파 50만명 빼고 4950만명에게 서명을 다 받자"고 했다. 서명을 많이 받아온 사람들에게는 '특별연금'을 주겠다는 황당한 약속까지 했다. (중략)

청와대가 계엄령을 준비하고 있다는 확인되지 않은 내용

을 마치 사실인 양 말하면서 집회 참가자들을 선동하기
도 했다. 전 대표회장은 "지금 청와대에서 금방 연락이
왔는데 계엄령을 준비하고 있다고 한다. 여러분! 계엄령
을 한다고 우리를 막을 수 있겠나?"라고 말하자 참가자
들은 태극기를 흔들며 환호성과 박수로 화답했다.[58]

기독교인들은 헌법수호와 대한민국의 자유민주주의 체
제를 강화하기 위해 정치적으로 활동하는 것이지 공산당처
럼 혁명 구호나 남발하는 세력이 아니다. 특히 서명을 많이
받았기 때문에 헌법 위에 군림할 수 있는 권위를 갖는다는
주장은 용인될 수 없다.

헌법과 법치의 중요성

여기서 헌법과 법치의 중요성에 관한 필자의 조선일보
칼럼을 직접 인용해서 기독교인은 왜 헌법수호와 자유민주
주의의 발전을 위해 헌신해야 하는가에 대해 숙고해 보도
록 하자.

미국 자유주의 법철학자 로널드 드워킨은 저서 '법의 제국'에서 "나치는 법을 가지고 있었는가"라며 법의 본질에 관한 질문을 던졌다. 형식논리로만 볼 때 의회의 다수를 점한 세력이 법을 만들어 통과시키고, 그 법에 의한 지배를 법치라고 한다면 독일 의회의 압도적 다수였던 나치의 공안통치도 법치라고 할 수 있다. 하지만 법학자 누구도 나치 시대의 통치를 법치라고 믿지 않는다. 인류의 보편적 가치를 담은 자연법에 위배되기 때문이다. 근현대적 의미에서 자유민주공화국의 진정한 '법치(rule of law)'는 헌법에 의한 지배를 뜻한다. 일시적으로 의회 다수파가 된 세력이 만드는 법은 반드시 헌법 틀 안에서 이뤄져야 한다. 이런 시각을 갖고 한국의 현실을 평가한다면 과연 한국은 법치국가라고 말할 수 있을까.

헌법의 지배라는 뜻에서 법치는 두 가지 측면에서 살펴볼 수 있다. 첫째, 입헌주의다. 의회에서 만든 법률은 헌법의 가치와 기본 원리에 근거해야 하고, 그에 위배되는 내용을 담을 수 없다. 헌법은 모든 법의 상위법이자 근본법이다. 이렇게 만든 법만이 정당성을 갖고, 그 법의 적용을 받는 모든 국민에게 법을 준수하라고 강제할 수 있다. 하지만 현 문재인 정권의 등장으로 이런 법치의 기본이 깨지고 파괴되고 있다. 대표적인 것이 고위공직자범죄수사처(공수처)의 설치다. 헌법 제12조 제3항에 따르

면 검찰총장은 수사와 기소 권한을 행사하는 검찰의 최
고 책임자다. 법률 기관인 공수처가 헌법 기관인 검찰총
장의 권한에서 벗어나 자의적으로 수사 · 기소를 행한다
면 이는 명백한 위헌이다. 이런 일이 비일비재(非一非再)
하다.

둘째, 권력자나 권력 집단의 자의적 지배로부터 국민의
자유와 권리를 보호하는 '공화주의'다. 이를 위해 우리
헌법도 대통령제와 함께 입법 · 행정 · 사법의 삼권분립
을 명시했다. 문제는 입법과 행정을 장악한 현 집권 세력
이 사법 영역마저 무너뜨리고 있다는 점이다. 특정 이념
을 가진 사조직 출신을 대법원과 주요 법원의 핵심 요직
에 앉히고, 사법부의 수장인 대법원장은 대통령 하수인
역할을 하고 있다. 민주공화정 이념으로 볼 때 상상할 수
도 없는 일이다.

더욱 심각한 것은 적지 않은 국민이 현재 대한민국 법 적
용이 공평하지 않다고 생각하게 됐다는 점이다. 근대적
공화제가 지탱되는 원동력은 프랑스 인권선언과 미국 독
립선언서가 천명한 '법 앞의 평등'이다. 사법부 독립과
법의 중립성은 동일한 법과 법리가 적용 대상에 따라 고
무줄처럼 달라지는 것을 용인하지 않는다는 의미다. 하
지만 우리가 현실에서 보고 있는 것은 사람에 따라, 이념

에 따라 춤을 추고 있는 법의 비뚤어진 모습이다. 조국 일가의 수많은 비리와 불법, 탈법 행위를 다루는 현 집권 세력의 법 잣대는 비판 여지를 넘어 위험 수위를 넘나들고 있다. 울산시장 선거 불법 개입 사건, 청와대 인사들에 대한 검찰 수사의 조직적 방해 등은 헌법에 대한 정면 도전이나 다름없다. 경찰을 정치적 목적을 위해 동원하는 것도 서슴지 않는 모습을 보고 어찌 법 적용·집행의 공정성을 믿을 수 있겠는가.

우리 역사에서 최초로 민주공화제를 명시한 것은 1919년 4월 11일 선포한 '대한민국 임시 헌장'이었다. 이어 1948년 대한민국 건국 헌법으로 자유민주공화국이 출범했다. 오랜 세월 수많은 사람의 피와 땀으로 만들어온 자랑스러운 대한민국의 법치가 이렇게 파괴돼선 안 된다.[59]

세계 정치사에서 영미권의 탁월한 법치와 자유민주주의의 성취는 바로 성경적 세계관에 기반한 기독교인들의 헌신과 노력 덕분이었다. 우리는 선거에 앞서 스스로 기독교인으로서의 정치의식을 건강하게 유지-발전시켜야만 한다.

제 3 장

'기독'이라는 이름의 정당

'기독' 명칭의 정당이
반성경적 법안을 허용하는 역설

현재 대한민국에서 '기독'이라는 당명을 사용하는 정당
은 기독당과 기독자유당이 있다. 기독자유당 지지자들은
독일의 '기독민주연합'(CDU, 이하 기민당)의 예를 들면서 성
경적 가치를 정치영역에서 실현하고 기독교적 세계관에 기
반한 법과 정책을 지키기 위해서 한국에도 기독정당이 필
요하다고 주장하곤 한다. 그러나 이런 주장들은 독일 정당
사를 잘 모르고 하는 말이다.

기민당은 원래 '독일중앙당'이라는 가톨릭 세력을 주축
으로 한 정당이 개신교 정치세력을 흡수–통합하면서 등장
했다. 소위 종교적 혼합주의와 에큐메니컬 운동을 지지한
다. 이 정당은 트럼프 정부를 탄생시킨 미국의 개신교 전통
에 기반한 보수주의와는 그 본질이 다르다.

기민당은 1945년 창당했고, 1949년 뒤셀도르프 강령에서 '사회적 시장경제' 원칙을 채택했다. 경제 분야의 민영화와 노동시장 유연화 정책을 지지하기도 하지만 대체로 좌파와 잘 타협하는 중도적 노선을 취한다.

굳이 독일 정당사를 통해 기민당이 기독교 보수주의에 기반하지 않는다는 것을 파악하지 않더라도 정당의 목적을 상기해 보면 '기독' 정당에 거는 기독교인들의 기대가 얼마나 나이브한지를 알 수 있다. 원래 정당은 집권을 목표로 하기 때문에 타협과 협상을 기본으로 한다. 따라서 이런 정당의 특성상 '기독'이란 당명이 '그 당이 정치 영역에서 성경적 가치를 실현하는 것'을 보장해 주지 않으며 오히려 당명과 상반되는 정치적 선택을 하게 되는 경우가 역설적으로 발생하게 된다. 실제로 기독이라는 이름을 사용한 기민당의 내부반란으로 독일이 동성혼을 허용하게 된 사실은 이런 역설적인 상황(기독이라는 이름으로 오히려 반기독교적인 법을 허용하는 상황)을 잘 보여준다.

교회가 정치에 참여하는 현명한 방식이 필요하다

3부에서 자세히 설명하겠지만, 미국의 보수기독교는 아브라함 카이퍼의 영역주권에 기반해서 기독 인재가 뛰어난 정치가가 될 수 있도록 육성-지원하고, 기독교 세계관을 반영하는 정책과 법안(정치인 포함)을 지지한다.

즉 교회가 시민운동의 차원에서 '정치인이나 정당이 기독교 세계관에 기초한 정책과 법안을 제시하고 실현시키는가'를 평가하고 이것이 자연스럽게 정치적 지지로 이어지면서 정치와 법의 영역에서 기독교적 가치를 지켜내는 것이다. 이런 미국적 방식이 앞서 설명한 교회(목사)가 직접 정치에 투신하거나 '기독' 명칭의 정당을 만드는 방식보다 훨씬 더 현명한 방법이 될 수 있다.

어떤 점에서 더 현명한가? 첫 번째로 교회와 기독교가 안게 될 위험성을 줄인다는 측면에서이다. '기독' 이름의 정당이 정치적-도덕적으로 문제를 야기해서 시민들에게 비판과 멸시의 대상으로 전락하면 사회적으로 반기독교 정서가 강화될 수 있다. 도덕적 문제나 정치적 비리 등의 문제가 발생하면 기존 정당보다 '기독' 이름의 정당은 더 큰 타격을 입게 되고, 그럴 경우 기독교 자체가 시민들의 외면을 받게 될 가능성이 커진다. '기독' 정당이 존재하는 독일에서 오히려 기독교인이 천연기념물이 되고 있는 상황은 (물론 다른 근본적인 이유들이 존재할지라도) 기독교가 외면당하고 있는 현실을 보여준다. 독일이 기독교 중심의 역사문화적 배경을 가지고 있음을 고려해 볼 때 다종교사회인 우리나라에서의 기독교가 안게 될 위험이 더 커짐은 자명하다.

두 번째는 교회의 자유와 생명력을 지킬 수 있는가의 측면에서이다. 교회가 국가 권력이나 정치 권력과 유착하거나 종속되면 종교의 자유는 제한되고 생명력을 잃고 세속화된다는 것은 기독교의 역사를 통해 증명된 사실이다. 독일 교회는 목회자의 생계를 정부가 세금으로 보장하는 국가교회적 성격이 강하다. 그런 사회적 통념상 기독교 정당이 존재하는 것이 가능했고, 그 결과로 교회가 생명력을 잃고 망해가고 있다. 미국이 독일과 다르게 교회가 아직 건강하게 살아있는 이유는 바로 교회가 직접 정치에 투신하여 권력과 유착하는 것을 피하기 때문이다. 교회는 크리스천들이 정치와 법의 영역에 나아가 빛과 소금의 영향력을 행사하도록 간접적으로 돕는다.

유럽과 다르게 국가교회라는 개념을 부인하고 교회가 철저하게 국가와 정치 권력으로부터 분리되어 신앙의 자유를 누릴 수 있게 한 '미국의 국교부인(정교분리)의 원칙과 전통'은 강력하게 성경적 가치를 정치 영역에서 실행할 수 있는 위대한 정치적 유산이다.

2003년에 조용기-김준곤 목사님의 주도로 기독교 정당의 창당이 추진되기도 하였다. 그러나 2003년과 현재의 정치 상황은 상당히 다르다. 정치 상황의 변화만이 문제가 아니다. 두 분 목사님의 영향력이나 교계에서의 리더쉽에 대해 이의를 제기하는 분들이 상대적으로 많지 않았다는 점에서도 지금과는 상황이 다르다.

3부
교회는 어떻게 정치에 참여해야 하는가

제 1 장

기독교와 건국

미국을 건국한 근간이 된 개신교

탁월한 역사학자 폴 존슨은 "미국은 종교적인 목적으로 건국되었고, 신앙 대각성 운동이 건국의 원동력이었다"라고 주장했다.[60] 미국의 독립선언서와 연방주의자들의 논쟁에서도 가장 많이 인용된 것은 바로 '성경'이었다. 영국의 조지 3세가 미국의 독립혁명에 분노해서 '장로교 폭동'이라고 부른 것은 영국국교회에 반대하는 공화주의자들 대부분이 '칼빈주의'를 신앙적으로 고수했기 때문이다.

대한민국의 건국과 기독교

대한민국의 건국도 기독교와 무관하지 않다. 기독교인들은 종교개혁의 유산을 정치적으로 계승하기 때문에 개인의 자유를 중시하는 '자유민주주의'를 지지하고, '법치주의'를 중시한다. 특히 '법치주의'는 영미 정치사에서 청교도혁명과 명예혁명, 그리고 미국의 독립혁명을 겪으면서 성경적 세계관을 가진 기독교인들에 의해 특별히 발전하게 된 것이다. 영미 기독교의 영향을 받은 우리의 기독교 선각자들도 자유민주주의와 법치를 이 땅에 실현하는 데 많은 영향을 끼쳤다.

선교사들의 헌신과 교회의 부흥에 힘입어 한국 교회는 1884년에서 해방될 때까지 독립신문과 독립협회의 주축이 되어 독립정신을 고양했음은 물론이고, 105인 사건을 통해 드러났듯이 독립운동에 있어서도 탁월한 성과를 이루어 내었다. 3·1운동 또한 교회와 기독교인이 주축이 된 민족적 독립투쟁의 결실이었다.

해방 후에는 대한민국 건국 대통령 이승만을 비롯하여 제헌국회 개원식에서 대표기도를 했던 이윤영 목사가 정치적으로 크게 기여한 기독교인들이었다.

이 외에도 박용희 목사는 기독신민회를 결성하여 활동하였고, 이규갑 목사는 서울에서, 구연직 목사는 충북에서 정치활동을 벌였다. 충남-대전의 김창근 목사와 윤인구 목사의 경남지역에서의 교육과 정치활동 등 각 지역마다 목사들의 교육 및 정치활동이 해방 후 활발하게 진행되었다.[61] 사실상 대한민국 건국의 기초를 교회가 세웠다고 해도 과언이 아니라고 할 수 있다.

　"교회에서 정치적인 얘기 하지 말라"는 핀잔은 이런 교회사를 이해하지 못하는 무지의 발로이거나 교회에서 사회적 영향력을 제거하려는 동성혼–동성애 지지 세력의 정치적 전략이라고 할 수 있다.

제 2 장

국교부인(정교분리)의 중요성[62]

미국과 대한민국의 건국사만 간단히 살펴보더라도 교회는 그 나라의 정치와 무관한 존재가 아님을 분명히 알 수 있다. 그렇다면 교회가 본연의 자유와 생명력을 지키면서 정치에 건강한 영향력을 행사하는 관계는 어떻게 가능할까.

앞서 2부에서 잠깐 언급했듯이 '국교부인(정교분리)의 원칙'이 그것을 가능하게 했다. 미국 헌법에 탑재된 '국교부인(정교분리)의 원칙과 전통'은 교회가 철저하게 국가와 정치 권력으로부터 분리되어 신앙의 자유를 누릴 수 있게 하면서도 강력하게 성경적 가치를 정치 영역에서 실행할 수 있게 한 위대한 정치적 유산이다.

교회가 어떻게 건강하게 정치에 참여할 것인지 성찰이 필요한 지금 정교분리에 대해 정확하게 이해하는 것은 필수적이라 할 수 있다.

정교분리란 무엇인가

오늘날 한국 교회가 가장 크게 오해하고 있는 것 중의 하나가 바로 '정교분리'의 개념이다. 흔히 '교회에서 정치얘기해선 안 된다'는 것이 정교분리의 개념인 것처럼 알고 있지만 그건 바른 개념이 아니다.

정교분리란 '국교부인', 즉 '국가가 어떤 종교(내지 교파)를 국교로 정해서 특별히 우대하거나 다른 종교를 차별해서는 안 된다'는 헌법상의 원칙이다. 미국이 처음으로 헌법에 탑재해서 교회가 철저하게 종교의 자유를 누릴 수 있도록 한 기반이 되었다. 헌법상 정교분리의 원칙은 국가가 교회에 간섭할 수 없게 만들어서 기독교인의 종교의 자유를 극대화할 수 있게 한 매우 좋은 제도이다.

다시 말하면 정교분리란 정부나 정치 권력이 교회에 절대로 간섭할 수 없고 교회도 정부에 의존하지 않는 '완전한 자유권적 기본권(종교의 자유)'의 보장을 의미하는 것이다.

정교분리의 원래 의미와 전혀 무관하게 형성된, '교회에서 정치에 대해 언급하는 것'이 정교분리 위반이라는 식으로 생각하는 한국 교회의 잘못된 관행은 조선총독부가 교회의 독립운동을 막기 위해 실행했던 일제 강점기의 버려야 할 유산에 불과하다.

교회는 정치 권력과 분리될 때 자유롭다

미국은 '국교 금지(no establishment)'를 처음으로 헌법에 명시했다.[63] 또한 미국 연방대법원은 국교 금지에 관한 헌법해석의 기준도 판례를 통해 체계적으로 제시했다. 미국이 국교를 부인하고 헌법상의 권리로 철저하게 종교의 자유를 보장한 결과, 영국이나 캐나다와 다르게 건강한 교회를 유지할 수 있었다. 교회가 정치와 유착하지 않고 정치권력이 함부로 교회에 간섭할 수 없게 만든 미국 헌법과 법적 전통은 우리에게 시사해 주는 교훈이 많다.

국가와 유착하는 교회는 국가의 간섭을 받게 되기 때문에 역설적으로 생명력을 쉽게 잃게 된다. 그리고 가톨릭의 교황처럼 세속국가의 국왕들을 좌지우지하는 방식으로 정치에 직접 참여하는 형태는 교회를 타락하게 만들어 결국은 교회에 독이 된다. 부패한 교회를 개혁하고 신앙의 본질로 돌아가고자 한 종교개혁의 역사를 보면 정치에 직접적으로 개입한 교회의 운명을 분명하게 알 수 있다.

결국, 교회의 종교적 자유는 국가의 간섭을 받지도 않으며 국가정치에 직접 개입하지도 않는 형태, 즉 종교개혁의 정치적 유산과 개인의 종교의 자유를 중시하는 헌법적 전통에 기반한 것이다.

미국 헌법의 정교분리 원칙

1620년 영국 청교도단(Pilgrims)은 종교적 박해를 피해 신대륙의 플리머스 바위(Plymouth Rock)에 도착했다. 유럽의 고향을 떠나 더 나은 삶을 찾기 위한 행로를 '탈 유럽은 출애굽'이라는 극적인 표현으로 설명하기도 한다.[64] 청교도들은 신교(Protestant)진영의 '퓨리턴'(Puritans)이라고 불리는 사람들이었다.[65]

영국의 의회는 영국국교회(성공회)의 기도서(The Book of Common Prayer)만을 공인했고, 국교회 회원이 아닌 청교도들은 종교적 차별을 당했을 뿐만 아니라[66] 잘못된 종교를 신봉하는 '이등 시민'(second class citizen)의 법적 지위를 갖게 되었다. 이러한 상황에서 청교도들은 종교적 박해로부터 종교의 자유를 찾는 것과 동시에 평등한 시민적 권리를 찾는 것을 갈구했다.

국가가 특정 교단이나 종교를 국교로 정하면 나머지 교단이나 종교를 믿는 신자들은 종교적, 정치적 차별을 받게 되기 때문에 국교를 인정하지 않는 것이 중요했다. 미국의 헌법 작성자들이 종교자유 조항을 수정헌법 제1조에 명시한 것은 이러한 정치·종교사적 배경과 무관하지 않다.

또한 제퍼슨(Thomas Jefferson), 메디슨(James Madison), 헨리((Patrick Henry)와 같은 미국의 헌법 초안자들은 종교

적 교설(Doctrine)이 정치적 영향력을 갖는 것은 공공질서 (public order)에 위협이 된다고 판단했다. 특정 교단이나 교리가 정치를 지배해서는 안 된다고 보았다. 따라서 종교는 정부와 반드시 분리되어야 하며, 종교는 사적 선택의 문제임을 명확히 하고자 하였다.[67]

초창기 청교도들은 종교적 박해를 피해 온 사람들이었기 때문에 자신들의 종교에 몰입하면서 역설적으로 다른 이들의 종교(교파)에 배타적인, 이른바 국교를 정하는 실수를 범하기도 했다.[68] 식민지시기 가장 큰 피해를 입은 침례교가 그 사례에 해당된다. 정치 권력이 추종하는 종교가 시민들의 종교가 되는 구조는 그 박해를 피해 신대륙까지 온 청교도들에게도 쉽게 벗어나기 힘든 것이었다.

미국 헌법이 최초로 국교부인, 즉 정교분리를 선언하고 국가가 교회의 일에 간섭하지 않음으로써 개인이 종교의 자유를 누리는 종교개혁이 비로소 완성되었다고 볼 수 있다.

린치 대 도넬리 사건

미국에서 '정교분리'의 기준을 밝힌 기념비적 판례는 '린치 대 도넬리'(Lynch v. Donnelly) 사건이다.[69] 미국의 포터킷

(Pawtucket) 시는 해마다 비영리단체가 소유하고 있는 공원에서 크리스마스 장식을 설치하였으며, 이 공원은 시의 상업지구 중심부에 위치하고 있다. 설치물은 산타클로스의 집, 크리스마스트리, 'SEASONS GREETING'의 현수막 그리고 '구유 속 아기예수상'(creche) 또는 성탄화(nativity scene)였다. 이러한 전시행위가 정교분리 원칙을 위반해서 위헌이라는 소송이 제기되었다. 1심은 원고 승소 판결을 했고, 피고는 항소했다. 항소심 역시 1심과 같은 결론을 내린다. 그러나 미연방대법원은 항소심의 결정을 파기 환송한다.

이때 주목해야 할 미연방대법원의 입장은 다음과 같다. 연방대법원은 "행정적 유착에 관해, 교회와 시 당국이 전시물의 내용 또는 전시물의 디자인에 대해 협의를 한 증거가 없고, 아기예수상의 보존·유지에도 비용이 발생하지 않았다"라고 판시했다. 따라서 교회와 당국이 전시물의 내용 등에 관해 사전 협의(행정유착)를 하였다면 명백한 '정교분리' 위반으로 위헌이라는 것이다.[70]

Lynch v. Donnelly 사건을 통해 제시된 정교분리 판단 기준은 ① 중앙정부 또는 지방자치단체와 종교단체 간의 행정적 유착 여부, ② 특정 종교 단체에 대한 재정지원 여부이다. 이것은 국가가 특정 종교에 특혜를 제공하거나, 억압하는 것을 금지하는 것을 내용으로 한다.

교회가 지방정부나 중앙정부와 협력하는 모든 행위가

정교분리 위반이 되는 것이 아니고 상호 유착해서 정부가 특정 종교에게 혜택을 주거나 차별하는 것이 정교분리 위반이다. 또한 국가의 특정 종교단체의 재정지원이 무조건 정교분리 원칙 위반이 되는 것은 아니다. 중요한 것은 공권력 행사의 목적이다. 종교적 목적이 아닌 세속적 목적(공공복리 등의 목적)을 위해 공권력과 특정 종교가 협력한다면 정교분리 원칙 위반으로 볼 수 없다는 것이 저 판례가 제시한 기준이었다.

요약하자면 중앙정부(혹은 지방정부)가 교회와 행정적으로 유착하거나 국민의 세금을 종교적 목적에 지원하는 등의 행위가 '정교분리 위반'이다.

코취란 사건과 에버슨 사건

정부의 종교에 대한 재정지원이 모두 정교분리 위반이 되는 것이 아님을 보여주는 판례는 코취란(Cochran)사건과 에버슨(Everson) 사건이다. 코취란 사건은 주(州)에서 입법한 법이 교회관련 학교에 등록된 학생들을 포함한 취학 아동들에게 교과서를 주 정부 예산을 사용하여 공급하는 내용을 명시했다.

당해 법령에 대한 소송에서 원고는 수정헌법 제14조를

위반하여 납세자의 돈이 종교계 사립학교를 원조하는데 사용될 수 있으므로 이 법령이 위헌이라고 주장한다.

이에 대해 연방대법원은 종교계 사립학교는 수익자가 아니고 주와 아동의 이익을 위한 공익적 목적이므로 위헌이 아니라고 판시했다.[71]

에버슨 사건 역시 학교 통학을 위해 교통수송 비용을 주법령에 의거하여 지원하는 것에 대해 가톨릭 학교를 포함한 것에서 발단이 되었다. 이 경우에도 법원은 이 법이 종교를 돕거나 종교적 활동과 종교기관을 돕는 것이 아니라 아동들의 공공복리를 증진하는 것이므로 수정헌법 제1조의 정교분리원칙에 반하는 것이 아니라고 판시했다.[72]

정부가 교육목적으로 기독교계 또는 불교계 사립학교를 지원하는 것은 정교분리 위반이 아니다. 그렇지만 종교적 목적으로 지원하는 것, 예를 들어 불교 종교시설을 짓는데 지방정부가 재정을 지원하는 등의 행위는 명백하게 정교분리 위반이 된다. 종교적 목적인가 아니면 공공의 이익을 위한 것인가 라는 재정지원의 목적이 중요한 정교분리 위반 여부를 판단하는 기준이다.

한국 헌법의 정교분리

우리 헌법도 미국 헌법의 영향으로 정교분리 조항을 헌법에 명시했다. 우리 헌법 제20조 제1항은 "모든 국민은 종교의 자유를 가진다"라고 하여 종교의 자유(freedom of religion)를 보장하고, 제2항은 "국교는 인정되지 않으며, 종교와 정치는 분리된다"라고 하여 국교의 부정과 정교의 분리를 정하고 있다.

　　우리나라는 1948년 헌법에서부터 종교의 자유를 보장하였는데 '양심의 자유'와 '종교의 자유'를 분리하지 않고 동일 조항에서 두 기본권을 보장하는 형태를 취했다. 1962년 헌법부터 양심의 자유와 독립된 조항으로 종교의 자유를 보장하는 형태로 개정되어 현재에 이르고 있다.[73]

군종 목사의 직무 관련 판결을 통해 본 정교분리의 쟁점

　　종교의 자유가 보장되는 헌법 질서 내에서는 국교가 인정될 수도 없고, 국가권력이 종교에 대해 간섭을 하거나 특정 종교를 우대 또는 차별하는 정책수립 내지 정치활동을 하는 것은 금지된다는 것이 헌법학계의 통설이다.[74]

　　서울고등법원의 군종 목사의 직무와 관련한 판결은 정교분리에 관한 중요한 쟁점을 다루고 있다. 이를 소개하면 다음과 같다.

군대 내에서 군종장교는 참모장교로서의 신분 뿐 아니라
성직자로서의 신분을 함께 가지고 소속종단으로부터 부
여된 권한에 따라 설교 · 강론 또는 설법을 행하거나 종
교의식 및 성례를 할 수 있는 것이고, 비록 군종장교가
국가공무원으로서의 신분을 가지고 있다 하더라도 최소
한 성직자의 신분에서 주재하는 종교활동을 수행함에 있
어서는 특정한 종교를 선전하거나 비판하여서는 아니 된
다고 하는 종교상의 중립의무를 기대할 수 없는 반면, 일
반 민간공동체에서와 마찬가지로 종교적 선전 및 타 종
교에 대한 비판할 권리를 포함하는 종교의 자유를 가진
다고 볼 것이고, 특히 기독교인들의 신앙생활을 돕기 위
하여 일반적으로 받아들여지는 종교교리를 해설함과 아
울러 교리해석상 잘못된 부분을 지적함으로써 그 교리를
지키거나 신앙상의 혼란을 막고 신자들의 신앙을 보호하
는 일은 군종 목사의 핵심적 직무사항에 해당된다고 보
아야 할 것이므로, 군종 목사들인 피고들이 이 사건 책
자를 발행 · 배포하거나 설교를 하는 등으로 원고 교회를
비판하였다고 하더라도 이것만으로 직무상 위법행위를
한 것으로 볼 수 는 없다 할 것이다.[75]

위의 사건은 소위 개신교 교단이 이단이라고 규정한 한 종교단체의 군내 종교 활동을 군종 목사들이 공군참모총장의 지시로 통제하고, 설교와 출판을 통해 이단의 내용을 적시한 것을 원고가 군종 목사의 신분이 국가공무원이라는 점을 들어 정교분리 원칙을 위반했다고 주장한 것을 법원이 기각한 내용이다.

즉 원고는 국가공무원이 이단 여부를 규정했으니 국가가 종교에 개입했기 때문에 정교분리 위반이라고 주장한 것인데 법원은 소개한 판결을 통해 특정 종교의 이단 여부를 판단하는데 국가가 개입할 여지가 없다는 정교분리의 원칙을 명확히 하면서도, 군이라는 조직의 특수성과 군종 장교의 직역 상의 특수성을 고려했을 때 위법행위가 없었다고 판시했다.

미국의 헌법해석론과 마찬가지로 한국도 국가와 종교가 완전히 분리되는 것을 '정교분리' 원칙의 내용으로 보는 것이 아니다. 군종장교 제도를 국방부가 유지하고 있는 것이 정교분리 위반이 아닌 것은 바로 이러한 측면 때문이다. 한국의 헌법해석론도 정교분리 위반은 국가가 특정 종교를 우대하거나 특정 종교를 차별하는 것을 금지하는 것으로 해석하는 것이 타당하다고 본다. 즉 공공복리와 같은 세속적 목적이 아닌 종교적 목적을 갖는 공권력과 종교의 유착관계는 정교분리 위반이라고 판단하는 것이다.

서울고등법원의 입장처럼, 군종장교의 존재가 정교분리 위반이 아닌 것은 군조직의 특수성에 있다. 군종장교의 경우, 이들의 임무 중 일부는 명백히 종교 목적을 갖지만, 넓게 보면, 군종장교 제도의 목적은 종교 목적 자체에 있는 것이 아니라 생명의 위협이 상존하는 군조직의 특수성상, 군조직의 유지와 구성원의 정신건강 내지 이동의 자유가 제한되는 군 장병들의 종교의 자유 보장 등에 있다고 평가할 수 있다.

　다시 말하면 이 판결을 통해 국가의 종교 관련성 여부가 정교분리 위반 여부를 판단하는 무조건적 기준이 될 수 없다는 것을 알 수 있다.

　다른 맥락의 얘기지만 군종장교(군목)가 소수 이단을 이단이라고 설교하지 못하게 되는 것을 상상해 보자. 끔찍하지 아니한가? 현재 문재인 정권과 일부 정당이 기획하고 있는 '차별금지법'은 이러한 헌법이 보장한 종교의 자유를 뒤집어 "이단을 이단"이라고 설교하거나 성도들을 교육할 수 없게 만들 수도 있다.

오천원 지폐 문양도안 헌법소원 사례

　헌법재판소는 한국은행이 발행하는 오천원권에 있는

주역의 4괘와 태극무늬가 종교의 자유 및 종교적 평등권을 침해한다는 이유로 위헌 확인을 구하는 헌법소원을 제기한 것에 대하여 각하한 바 있다.[76] 이러한 헌법재판소의 결정은 특정 종교인들이 국가가 발행하는 지폐 또는 동전에 유학자나 불탑 등이 인쇄되는 것이 정교분리 위반의 소지 또는 기본권 침해라는 주장의 법적 비합리성을 확인한 것으로 평가할 수 있다.

불교 관련 문화유산 또는 유교 서원이 종교적 목적 없이 정부 간행물에 소개되거나 지폐에 인쇄되는 등의 상황은 정교분리 위반이라고 볼 수 없다.

한국에서의 정교분리 위반의 판단기준

위의 두 가지 판례와 헌법학계의 통설을 통해 확인할 수 있는 한국 법원의 '정교분리' 원칙의 내용은 다음과 같다. 1. 정교분리는 국가의 특정 종교에 대한 우대와 차별을 금지하는 것이다. 2. 정치와 종교의 사실상의 완전한 관계 차단이 정교분리를 의미하는 것은 아니다. 3. 정교분리 위반의 판단 기준은 공권력과 특정 종교의 사실상의 협력 관계 또는 관련성에 있는 것이 아니라 그 목적에 있다고 할 수 있다.

제 3 장

미국 기독교의 정치참여 방식

기도할 권리보다 중요한 것은 없다

도널드 트럼프 대통령은 공립학교에서 '기도할 자유'에 대한 새로운 지침을 공표했다. 이날은 미국의 '전국 종교자유의 날'이다. 트럼프 대통령은 백악관 집무실에서 새 지침을 발표하면서 "기존의 연방 지침을 개정해 학교에서 종교적 표현의 자유를 증진하는 쪽으로 조치했다"고 설명했다. 그는 "기도의 권리를 보장하는 역사적 발걸음을 자랑스럽게 발표한다"고 밝혔다.

이런 가운데 미 교육부가 50개 주 관리와 행정관들에게 "공립학교 교사나 학생들이 기도하는 것을 방해할 수 없다"고 강조하는 메모를 발송할 것이라는 발표도 있었다. 목표는 학교에서 법적으로 보장된 학생들의 기도권을 더 안전하게 보장하고, 공립학교 행정관들이 학생들의 종교자유를 침해할 경우 연방정부의 자금 지원을 받지 못할 수도 있다는 사실을 알리는 것이다.

트럼프 대통령은 "기도할 권리보다 중요한 것은 없다고 생각한다"며 "최근 학교 현장에서 종교적인 표현을 제지당하는 일이 자주 발생하고 있다. 종교적 표현에 처벌을 추진하는 사례도 있는데 이는 10년 전만 해도 (미국에서) 상상조차 할 수 없었던 일"이라고 했다. 이어 "내가 대통령으로 있는 동안은 누구도 하나님을 공공의 광장에서 몰아내지 못하게 하겠다"고 강조했다.[77]

미국 기독교의 반전이 가능했던 이유

오바마 정부 시절, "메리 크리스마스"라는 표현도 할 수 없도록 각종 행정명령으로 교회를 탄압했던 것을 생각해 보면, 트럼프 정부가 교회와 기독교인의 권익을 보장하는 조치들은 탁월할 뿐만 아니라 기독교인들을 기쁘게 한다.

미국의 독실한 기독교인들과 보수적 교회들을 '반지성주의'로 몰아서 공적 영역에서 기도와 성경을 사라지게 하고자 했던 역사는 1960년대 후반부터 장구하다고 할 수 있다. 좌파(Liberals) 전문가와 단체들은 지금도 공적 영역(특히 정치)에서 기독교와 기독교적 가치를 추방하기 위해 투쟁하고 있다.

이에 대항해서 기독교인들이 정치적으로 반전을 이룰 수 있었던 것은 트럼프 정권의 창출과 더불어 공화당 의원들을 배후에서 정치적으로 통제할 수 있는 시민운동의 저력을 갖추었기 때문이다.

개인에 대한 호불호가 아니라 당론이 중요하다

현대정치는 '선거'에 의해서 승부가 결정되고, 선거는 결국 '표'가 가장 중요한 힘이 된다. 따라서 한국에서도 기독교인들의 정치적 각성과 선거 방향은 향후 기독교 관련 정책과 법안들에 있어 중요한 가늠자가 될 수밖에 없다.

정치인 개인이 기독교인이라 하더라도 소속 정당의 당론으로 반기독교적 정책과 법안이 추진되면 이에 반대할 수 없다는 사실을 인지하는 것이 중요하다. 따라서 기독교인은 후보자가 소속된 정당과 정당 지지 투표에 있어서 정당이 추진하는 정책 중 반기독교적인 것이 없는지 면밀하게 따져보아야 한다.

미국 정치의 경우도 트럼프 개인에 대한 호불호의 문제가 아니다. 힐러리 클린턴 후보와 민주당이 동성혼–동성애 정책을 강력하게 당론으로 추진하고 기독교인의 종교의 자유를 억압하는 정책과 법안을 추구하는가 여부에 미국의 기독교인들은 주목했다.

한국에서도 당론으로 차별금지법을 추진하거나 동성
혼-동성애 관련 입법과 정책을 실행하는 정당을 지지하는
기독교인들이 정치와 신앙은 별개라는 주장을 하기도 하는
데 이는 어불성설이 아닐 수 없다.

기독교인 역차별의 시대

최근 미국에서는 기독교 동아리를 불허한 학교 당국에
대한 소송으로 기독교 학생들의 학교 내 종교의 자유를 수
호한 사례가 화제가 되었다. 동성애 동아리를 허가한 학교
가 기독교 동아리는 불허한 사건이다.[78]

좌파들의 기독교 박해에 관한 본격적인 연구가 2004년
에 단행본으로 출판되기도 했다.[79] 『박해 : 좌파들(Liberals)
은 어떻게 기독교에 대항해 전쟁을 벌이고 있는가』라는 책
은 베스트셀러가 되었다.

소송을 포함한 다양한 방법으로 기독교와 기독교적 가
치가 공적 영역을 포함한 삶의 전 영역에서 소멸되는 것을
목표로 한 좌파들의 투쟁은 강력하다. 한 마디로 기독교 박
해와 기독교인 역차별의 시대다.

트럼프 정부를 탄생시킨 미국보수 기독교

이런 반기독교적 흐름에 맞서 '한국에서 벌어지는 교회의 잘못된 정치참여 방향'과 다르게 미국에서는 사실상 보수 기독교계가 단결하여 트럼프 정부의 탄생을 이끌었다. 이러한 과정은 영향력 있는 목사들과 기독교인 평신도 인사들이 성경에 기초한 '문화적 어젠다'를 제시하고 여론을 주도했기 때문에 가능했다.

트럼프 정부가 등장하게 된 배경에 미국의 보수 기독교계가 어떤 영향을 끼쳤는가에 대해서는 스테판 E. 스트랭 (Stephan E. Strang)의 저서에 상세히 정리되어 있다.[80]

목사가 목사직을 사임하지도 않은 상태로 정당의 창당에 관여하거나 좌충우돌 정치활동을 벌여 기독교에 대한 부정적 여론을 일으키고 있는 한국과는 매우 대조적이다.

사실상 공화당 내 주류 세력의 정치 신조나 민주당의 정치 신조도 엄밀하게 말하자면, 기독교 세계관과 신앙에 관한 입장 차이에 기인한다고 해도 과언이 아니다. 무슬림 이민정책이나 LGBTQ 관련 정당 정책 등 첨예한 대립과 갈등을 야기할 수 있는 정치적 현안들도 본질은 신앙과 연결되어 있다.[81]

영국의 17세기 청교도혁명과 명예혁명, 그리고 미국의 독립혁명 등 영미의 정치사에서 교회가 축적한 정치의식과 정치참여의 '노하우'를 우리가 짧은 시간에 모두 습득할 수는 없으나, 우리도 21세기 정치 상황에 걸맞게 정치참여의 방향과 모델을 제시해야만 한다.

정치인과 정당에 대한 평가의 중요성

앞서 우리가 적극적으로 추진해야 할 '교회가 참여하는 정치운동'의 가장 좋은 모델은 시민운동을 통한 간접적 영향력 행사라고 미국의 예를 통해 얘기한 바 있다. 이런 맥락에서 필자는 동성혼-동성애 합법화를 막기 위한 교계의 시민운동에 있어서 교회연합회가 직접 반대 운동에 투신하는 것보다는 교회연합회와 연대하여 '학부모단체' 등 다양한 시민단체를 결성해서 지역 또는 전국적인 활동을 하는 것이 더 효과적이라고 조언한 바 있다. 성시화 운동본부의 활약도 마찬가지로 매우 중요하다. 현재는 교계의 이러한 반동성애 시민운동의 방식이 표준처럼 정착되고 있다.

교회가 간접적으로 영향력을 행사할 때 중요한 것은 정치인과 정당에 대해 얼마나 보수적인지, 성경적 세계관에 기반한 법과 정책을 얼마나 실현하는지, 팩트에 기반해서 평가할 수 있어야 한다는 것이다. 이에 대한 좋은 샘플을 미국의 보수주의 단체연합인 ACU(American Conservative

Union)에서 찾을 수 있다. ACU는 정치인 평가 기준을 마련하여 그 순위를 정한다. 보수주의 등급을 정하는 ACU의 안내서에서 "우리는 주권이 개인에게 있다고 주장하는 보수주의 철학으로 시작합니다. 그리고 생명과 자유, 재산권을 지키는 본질적인 방어역할을 하는 것이 정부라고 확신합니다"라고 그 취지를 밝히고 있다.[82]

먼저, 미국처럼 기독교의 성경적 세계관을 현실에서 실현하고자 하는 시민단체의 결성을 활성화시켜야 한다. 이 시민단체들이 연합(UNION)을 결성한다. 다음으로, 성경적 세계관을 실현하는 법안이나 정책을 제안한 정치인과 정당을 기독교인들에게 소개하고 지지를 호소할 수 있도록 평가 기준을 제시하고 공정하게 평가한다.

좋은 평가를 받은 정치인과 정당을 교회가 지지하는 것은 당연한 일이다. 공개적으로 지지를 표명하는 채널도 필요하다. 동성혼-동성애 합법화 정책이나 이에 관한 법안 또는 차별금지법과 같은 악법을 막는데 공헌한 정당과 정치인을 지지하는 것도 동일한 방식으로 가능하다.

지방의회와 국회와 관련하여 이러한 평가 결과를 발표하고 지지를 공개적으로 표명하는 것만으로도 교회는 정당과 정치에 강한 영향력을 행사할 수 있다. 각종 세미나와 공청회, 그리고 학술대회 등 교회에 도움이 되고 성경적 세계관을 정치적으로 실현하기 위한 행사들도 뜻을 같이하는 정치인 또는 정당과 공조할 수 있다.

가장 중요한 것은 기독교인 리더들이 강력하게 성경적 세계관에 기초한 '문화 어젠다'를 사회적으로 제시하고, 이에 따른 '정치 어젠다'를 강력하게 추구하는 활동 속에서 기독교를 기반으로 한 다양한 시민단체들이 결성되어 연대하여 사회적-정치적-문화적 영향력을 확대해 나가는 것이다.

교육이 승리할 수 있는 토대가 된다

미국 기독교인들의 승리의 기저에는 멈추지 않는 시민교육이 있다. 미국의 헌법적 애국주의 역시 기독교인들이 교회의 역사 속에서 축적한 교육 '노하우'와 무관하지 않다. 앞에서 언급한 '한국 교회의 잘못된 정치참여 양상'의 핵심도 사실상 한국 기독교인들의 부족한 정치의식과 자유민주주의에 대한 이해 결핍과 무지 등이 원인이라고 할 수 있다. 쉽게 음모론에 빠져 선동당하는 이유도 정당정치에 대한 몰이해와 시민운동에 대한 기초지식의 부족 때문이다.

미국 기독교의 정치적 승리의 배후에는 '모튼 블랙웰'(Morton Blackwell)과 리더쉽 인스티튜트(Leadership Institute, 이하 LI)의 헌신과 역할이 크게 작용했다. 그는 LI

모튼 블랙웰
(사진출처: 니홈페이지)

를 1979년에 설립했고 작년에 40주
년을 맞이했다.

LI는 전미에서 수많은 보수주의
리더들에게 어떻게 싸우는지 그 '테
크닉'을 전수해 왔다. 시민단체나 정
당의 '펀드레이징' 기법에서부터 정
치적 어젠다 정하기, SNS 전략 등
정치적으로 '이기는 기술'을 교육하
고 있다. 심지어는 집회와 시위에 있어서 '구호를 만드는
것'도 신경을 쓴다.

우리 교계가 반대의 의미로 '반'을 붙이는 단체명을 많
이 만들었던 것도 싸우는 기술이 부족했기 때문이다. 프레
임 전쟁에서 승리하기 위해서는 디테일에 강해야만 한다.
'낙태 반대운동'보다는 '생명 중시 운동'이 긍정적이다. '반
동성애 운동'보다는 '가족사랑 캠페인'이나 '레알 러브운동'
등이 좋은 사례라고 할 수 있다.

'이기는 기술'과 '테크닉' 중심의 미국의 교육사업과 달
리, 우리의 현실은 헌법과 법치주의, 자유민주주의, 정당정
치와 같은 현대정치와 대한민국을 위한 기본 개념과 이론
부터 가르쳐야 하는 실정이다. 우리는 사실상 이제부터 시
작이다. 체계적으로 자유민주주의와 법치주의, 그리고 정
당정치에 대해서 가르치고 교회를 중심으로 성경적 세계관

에 기초한 정치의식과 지식을 보급하고 확산시켜야 한다. 이러한 가운데 탁월한 기독교계 시민단체들이 결성되어 활동 영역을 확장해 나가야 하는 것이다.

세계관 전쟁이 가장 중요한 정치이다

이러한 교육 사업이 지속적으로 유지되는 게 무엇보다 중요하다. 당장의 선거에서 승리하는 것에만 초점을 맞춘 운동들은 실패할 수밖에 없다. 교계를 중심으로 한 시민 정치운동도 정권교체나 총선 같은 거시정치 상황에 매몰되는 경우가 많다. 대선이나 총선은 당연히 중요하다. 그러나 자칭 보수정권 9년 동안 전교조-민노총-언론노조 등의 반기독교 활동은 그 영향력을 더해 갔음을 잊지 말자. 교과서를 좌파 정권 홍보 책자로 만들고, 역사를 왜곡하고, 청소년들에게 음란을 인권으로 포장해 전파하는 교육 아닌 교육의 토대는 모두 자칭 보수정권의 시기에 만들어졌다. 우리가 여기서 교훈을 배울 수 있다면 좌파적 세계관으로 만들어진 그 토대를 기독교적 세계관으로 바꾸어 가는 것이 보수정권을 창출하는 것보다 더 근본적이고 중요하다는 것을 알 수 있을 것이다.

자, 우리 기독교인들은 바로 이러한 정치-사회-문화 전반의 세계관 전쟁에 눈을 떠야 한다. 지금도 정권이 바뀌면 할 일을 모두 마친 양 안심하고 일상으로 복귀해서는 안 된다. 지속적인 교육-확산은 정권이 바뀌어도 심지어는 자칭 보수정권이 집권해도 멈춰서는 안 된다.

대부분 보수적 교회의 기독교인들이 대통령 선거나 국회의원 선거와 같은 거시정치만을 정치로 의식하는 경향이 강하다. 따라서 정치에 대한 사고방식 자체를 개혁하지 않으면 안 된다. 이제는 우리 생활 속에서 성경적 세계관을 확산시킬 수 있는 세계관 전쟁이 진정한 정치라고 인식해야 할 때이다.

세계관 전쟁이 곧 가장 중요한 정치이고 이 전쟁에서 졌기 때문에 모든 것을 잃게 되는 것이다. 이제 개혁된 정치의식으로 성경적 세계관을 정치-경제-사회-문화 각 영역에 확산시키는 진짜 정치참여를 교회가 본격적으로 시작하도록 하자.

제 4 장

기독교와 선거

교회와 기독교인의 '종교의 자유' 또는 '표현의 자유'를 억압하는 악법들이 굶주린 사자와 같이 으르렁거리며 세상에 등장하기 위해 준비를 하고 있다. 결국, 이러한 악법과 반기독교 정책들을 당론으로 추진하는 정당을 선거를 통해 견제하고 이에 맞서서 싸우지 않고서는 막을 수 없는 세계적 흐름이다. 그래서 기독교인에게 선거는 매우 중요하다.

영국과 캐나다와 같이 빛나는 기독교 전통을 자랑하는 나라들이 무너졌다. 이제는 기독교 탄압국가가 되었다고 해도 과언이 아닐 지경이다. 교회가 소수자를 혐오하는 혐오 세력으로 낙인찍히고, 성경적 세계관을 고수하는 기독교인이 반지성적 인간으로 조롱을 당하는 것이 일상화되고 있다. 심지어는 무신론과 진화론이 진리라는 또 다른 종교가 판을 치고 있다. 거리에서 전도했다는 이유로 수갑을 채우고, 체포당하는 것이 한때 기독교가 융성했던 국가들의 풍경이 되었다.

혼인의 도덕적 가치가 실종되고 가정은 붕괴되었으며 국가의 정체성은 혼란스럽다. 이러한 도덕파괴에 따른 혼란의 시대에 우리 기독교인들에게는 빛과 소금의 역할로써 세상을 변화시켜야 하는 거룩한 책무가 있다. 이 책무를 실행하기 위해서는 지혜로운 전략과 테크닉(전략과 전술 포함)이 필요하다.

지금의 한국 사회는 방어적으로 반기독교적 정책과 법안을 당론으로 추진하는 정당과 정치인을 선거를 통해 견제하는 것 이상의 공격적인 정치 활동을 요구하고 있다. 교회가 적극적으로 기독교인의 종교의 자유와 성경적 가치에 기반한 법과 정책을 지켜야 하는 이런 상황에서 교회가 정치에 참여하는 방식이 잘못되면 어떤 후폭풍과 부작용이 양산될 수 있는지 이 책에서 상세하게 설명했다. 다시 말해, 교회의 잘못된 정치참여는 악한 세력의 도우미 역할이 될 수 있다는 경고를 포함한다.

우리는 특정 인물을 숭배하거나 정치철학적 기초도 없이 함부로 정당을 창당하는 등의 실수를 반복해서는 안 된다. 성경에 기초한 바른 정치의식을 가지고 현대 기독교인에게 요구되는 자유민주주의와 정당정치, 그리고 법치주의에 대한 바른 지식을 기반으로 정당과 정치인에게 건강한 영향력을 행사할 수 있는 시민운동으로 교회의 정치참여 모델을 형성해 나가야 한다.

미국의 ACU처럼, 이념과 정치철학을 공유하는 기독교계의 시민단체들이 연합하는 구조가 만들어지고 성경적 세계관을 기반으로 정치-경제-사회-문화 운동이 확산되는 상황이 현실이 되는 대한민국을 꿈꾸며 이 책을 맺으려 한다.

인용 출처

01. 1장~5장까지는 2019년 예장합동교단 신학부에서 수행한 복음주의 6개 단체에 관한 연구에서 필자가 연구위원으로 참여하면서 작성한 보고서를 수정·보완한 것이다.

02. 더글라스 A. 스위니/ 조현진 역, 『복음주의 미국 역사』, CLC, 2015, 26-27면

03. 로잔언약은 1974년 스위스 로잔에서 열린 개신교 복음주의 대회인 "로잔회의"에서 발표되었다. 로잔언약의 머리말은 복음주의를 집약해서 표현하고 있다. "로잔에서 열린 세계 복음화 국제대회에 참가하기 위해 150여 개 나라에서 온 예수 그리스도의 교회의 지체인 우리는, 그 크신 구원을 주신 하나님을 찬양하며, 하나님이 우리로 하나님과 교제하게 하시며 우리가 서로 교제하게 해주시니 매우 기쁘다. 우리는 하나님이 우리 시대에 행하시는 일에 깊은 감동을 받으며, 우리의 실패를 통회하고 아직 미완성으로 남아 있는 복음화 사역에 도전을 받는다. 우리는 복음이 온 세계를 위한 하나님의 좋은 소식임을 믿고 이 복음을 온 인류에 선포하여 모든 민족을 제자 삼으라고 분부하신 그리스도의 명령에 순종할 것을 그의 은혜로 결심한다. 그러므로 우리는 이 신앙과 그 결단을 확인하고 이 언약을 공포하려 한다." 특히 로잔언약의 15가지 원칙 중 제5항인 그리스도인의 사회적 책임을 한국의 복음주의를 표방하는 단체들은 중시하고 있다. https://www.lausanne.org/ko/content-ko/covenant-ko/lausanne-covenant-ko

04. http://m.newspower.co.kr/a.html?uid=16673

05. 한겨레 21 2001.03.22. (제350호)

06. "동성애 사이트 엑스존, '청소년유해' 딱지 그대로", 오마이뉴스 2002.08.15.

07. "동성·양성애자도 어깨펴고 살자" 한겨레신문 2003.08.1.

08. 한채윤, "동성애, 죄는 미워하되 죄인은 사랑하라?", http://ichungeoram.com/10384, [동영상] 동성애, 사랑과 혐오 사이를 묻다 "종합토론" (홍성수/한채윤/양희송), http://ichungeoram.com/10536, 이 동영상은 정회원에게만 공개하고 있다. 필자는 이 동영상 풀버전을 확보하였다. [동영상] 혐오와 포비아 – 동성애 "죄는 미워하되, 죄인은 사랑하라?" (한채윤), http://ichungeoram.com/10533

09. 홍성수가 기독교인들이 차별금지법이 입법되면 처벌받을 수 있음을 설명한 한겨레 기사. http://h21.hani.co.kr/arti/society/society_general/39873.html

10. "그럼에도 차별금지법 제정해야 하는 이유[인터뷰] 국가인권위원회 혐오 표현 연구 책임자 홍성수 교수" https://www.newsnjoy.or.kr/news/articlePrint.html?idxno=209295

11. 제레미 월드론, 홍성수 역, 『혐오 표현, 자유는 어떻게 해악이 되는가?』, 이후, 2017, 혐오 표현 규제 입법을 주장하는 저서로는 홍성수, 『말이 칼이 될 때, 혐오 표현은 무엇이고 왜 문제인가?』, 어크로스, 2018.

12. "차별금지법 제정돼도 설교 제약 없을 것" 청어람아카데미 '동성애, 사랑과 혐오 사이를 묻다'…종교적 예외와 규제에 대한 논의 필요 http://www.newsnjoy.or.kr/news/articleView.html?idxno=203099

13. https://www.belfasttelegraph.co.uk/news/northern-ireland/belfast-pastor-james-mcconnell-not-guilty-i-want-to-assure-muslims-i-love-them-what-i-am-against-is-their-theology-34335749.html

14. http://www.newsnjoy.or.kr/news/articleView.html?idxno=211964

15. http://ichungeoram.com/?s=%ED%8E%98%EB%AF%B8%EB%8B%88%EC%A6%98, 청어람 홈페이지에서 청어람이 얼마나 페미니즘 운동에 천착하고 있는지 검색을 통해 누구나 쉽게 확인할 수 있다.

16. [이 책 한번 잡솨봐] 동성애, 결론을 짓기 전에 읽어볼 책. http://ichungeoram.com/13424

17. http://ichungeoram.com/13424

18. 크리스천투데이 2007년 10월 29일 기사. http://www.christiantoday.co.kr/news/188391

19. "MB에게 올인하다가 기독교도 OUT될 상황" 기윤실, 공의정치연대, 청어람아카데미, '긴급 토론회' 개최, 뉴스파워 2008년 6월9일 기사. http://m.newspower.co.kr/a.html?uid=11800

20. 뉴스파워 위의 기사 인용. http://m.newspower.co.kr/a.html?uid=11800

21. "한국 교회는 어떻게 권력이 되었나: 김진호X양희송X강성호 〈권력과 교회〉(창비) 북 콘서트", 뉴스앤조이 2018년 4월 27일기사, http://www.newsnjoy.or.kr/news/articleView.html?idxno=217449, 이 북콘서트의 동영상을 필자는 소장하고 있다.

22. 크리스천투데이 2007년 10월 29일 기사. 위의 기사 인용.

23. 청어람 홈페이지에서 인용. http://ichungeoram.com/7117

24. 기독 청년아카데미, https://lordyear.tistory.com/323, 복음과 상황, http://www.goscon.co.kr/news/articleView.html?idxno=2902

25. "뉴스앤조이 관련 단체들, '예수교'냐 '수령교'냐", 크리스천투데이 2018년 12월8일기사, http://www.christiantoday.co.kr/news/318260

26. 크리스천투데이 위의 기사 인용.

27. 와이타임즈 2018년12월 6일 기사, http://whytimes.kr/news/view.php?idx=2894

28. "기독 청년아, 동지를 만나라 [세대 간 대화]강경민·전재중·최철호·양희송···공동체라야 끝까지 운동할 수 있다", 뉴스앤조이 2006년 7월 27일 기사, http://www.newsnjoy.or.kr/news/articlePrint.html?idxno=18073

29. 기독 청년아카데미 성서한국대회 공지, https://lordyear.tistory.com/650

30. 장신대 동아리 '암하아레츠'의 활동을 우려합니다. : 네이버 블로그 https://m.blog.naver.com/dreamteller/221243391573

31. "'성서한국, 통일한국을 꿈꾼다' 성서한국 영역별 통일대회 특별 좌담회···강경민·김동호·박득훈·박영환·오일환 참여", 뉴스앤조이 2007년6월15일기사 http://www.newsnjoy.or.kr/news/articleView.html?idxno=21378, 사진과 함께 "서울 명동 청어람에서 성서한국에 참여하는 이들을 불러 기독교 통일운동의 흐름과 방향을 묻는 좌담회를 개최했다. ⓒ뉴스앤조이 신철민"이라는 친절한 설명이 게재되어 있다.

32. [칼럼] "성서한국은 종북 좌파인가?" 복음주의 운동을 향한 색깔론, 어떻게 볼 것인가, http://ichungeoram.com/12946

33. 양희송의 칼럼, http://ichungeoram.com/12946

34. "성서한국에 대한 '종북' 발언이 무죄(無罪)인 이유", 미래한국 2016년 5월 9일 기사, http://www.futurekorea.co.kr/news/articleView.html?idxno=31612

35. 김성욱, "반공의 진지, 교회들이 넘어간다", 2019. 3. 29, http://www.newdaily.co.kr/site/data/html/2013/03/27/2013032700043.html 인용.

36. [출처: 중앙일보] 국민의당 "탁현민, 콘돌리자 라이스 모욕 발언한 김용민 옹호", 2017.6.25., https://news.joins.com/article/21697848

37. 복음과 상황, 2013.10.31., "가나안 성도들이 벙커원교회로 온 까닭은···"http://www.goscon.co.kr/news/articleView.html?idxno=28692

38. 김용옥, 『도올의 마가복음강해』, 통나무, 2019

39. 이정훈, 『교회해체와 젠더 이데올로기』, 킹덤북스, 2018의 서론 부분을 발췌 수정하여 인용하였다.

40. 노라 칼린·콜린 윌슨, 『동성애 혐오의 원인과 해방의 전망: 마르크스주의적 분석』, 책갈피, 2016, 106면.

41. 윤수종, 『욕망과 혁명 : 펠릭스 카타리의 혁명사상과 실천 활동』, 서강대출판부, 2009, 107~115면.

42. 배진영, "통혁당 사형수 김질락이 본 신영복", 뉴데일리 2016.1.18. 기사, http://www.newdaily.co.kr/site/data/html/2016/01/18/2016011800085.html

43. 김성훈, 월간조선 2018.2.11. "문 대통령이 北 김영남 앞에서 존경한다 말한 신영복은 누구? 과거 반체제 지하조직 '통혁당'에서 활동, 사상 전향 부인해", https://monthly.chosun.com/client/mdaily/daily_view.asp?Idx=2860&Newsnumb=2018022860

44. https://www.christianpost.com/news/teacher-fired-for-protesting-pro-transgender-lessons-at-sons-uk-christian-school.html

45. https://www.telegraph.co.uk/news/2019/07/10/christian-doctor-lost-job-government-department-refusing-identify/

46. http://kr.christianitydaily.com/articles/100433/20190611/%EC%BA%90%EB%82%98%EB%8B%A4-lgbt-%ED%83%80%EC%9A%B4%EC%84%9C-%EB%85%B8%EB%B0%A9%EC%A0%84%EB%8F%84%ED%95%98%EB%8D%98-%EB%-AA%A9%ED%9A%8C%EC%9E%90-%EA%B2%BD%EC%B0%B0%EC%97%90-%EC%B2%B4%ED%8F%AC%EB%8B%B9%ED%95%B4-%EB%85%BC%EB%9E%80.htm

47. 평화나무, '한국 교회 기도의 날' 순수하게 스며든 정치성, 2019.10.5., https://www.logosian.com/news/articleView.html?idxno=314

48. 위의 기사 인용.

49. 중앙일보 2020.3.1., "범투본, 집회 막히자 전광훈 교회로…"아멘하면 병 다 낫는다" "https://news.joins.com/article/23718999

50. 전광훈 목사 "황교안 대표가 장관직 제안" MBC 스트레이트 "교회·극우·정치인, 삼위일체 돼 가짜 뉴스 생산", 2019.5.20., http://www.newsnjoy.or.kr/news/articleView.html?idxno=223603

51. [전광훈탐구생활②] "헌금 운용 방법, 황교안 장로가 알려줬다", KBS 2019.12.9., https://news.kbs.co.kr/news/view.do?ncd=4339141

52. 연합뉴스 2020.1.31., https://www.yna.co.kr/view/AKR20200131172800001

53. 중앙일보 2020.1.6. 기사, https://news.joins.com/article/23596087

54. 당시 상황이 방송된 유튜브 영상, https://youtu.be/T1gAe2gv0Uo

55. 전광훈 목사와 김무성 의원의 집회영상, https://youtu.be/aS-22fE3b0s

56. 전광훈, "내 친구 장경동 비례대표 2번" 후보 추천 문제 없나?", CBS노컷뉴스, 2020.1.28., https://www.nocutnews.co.kr/news/5279541

57. 마이클 데일 "마이크" 허커비(Michael Dale "Mike" Huckabee, 1955년 8월 24일 ~)는 미국 공화당 소속 정치인이다. 1993년부터 1996년까지 아칸소주의 부주지사를 맡았으며, 1996년부터 2007년까지는 주지사를 맡았다. https://

ko.wikipedia.org/wiki/%EB%A7%88%EC%9D%B4%ED%81%AC_%ED%97%88%EC
%BB%A4%EB%B9%84

58. 전광훈 "박근혜 탄핵시킨 문재인 저 놈 반드시 끌어낼 것", 평화나무 2019.10.3., https://www.logosian.com/news/articleView.html?idxno=313

59. 이정훈, "대한민국의 법치주의가 이렇게 무너지면 안 된다", 조선일보 2020.2.11., https://m.chosun.com/svc/article.html?sname=news&contid=2020021 003735&utm_source=urlcopy&utm_medium=shareM&utm_campaign=Mnews

60. 폴 존슨(Paul Johnson), 민병훈 역, 『미국인의 역사 I』, 살림, 2018 참조.

61. 서울신학대학교 현대기독교역사연구소 엮음, 『해방 후 한국 기독교인의 정치 활동』, 선인, 2018 참조.

62. 이정훈, 『교회해체와 젠더 이데올로기』, 킹덤북스, 2018의 정교분리에 관한 내 용을 수정-보완하여 인용하였다.

63. 김종서는 명문 상 국교 금지(no establishment)만이 지적되어 있을 뿐 정교분 리가 미국 헌법에 명문화되어 있지 않음을 주의할 것을 지적하고 있다(김종 서, "미국적 신앙의 뿌리와 공민종교의 성립", 『미국사회의 지적 흐름 : 정치· 경제·사회·문화』, 서울대출판부, 2004, 357면). 김영수는 '정교분리'가 실정헌 법에 명시된 국가들에 대해 설명하면서, 미국수정헌법 제1조를 언급하고 있 어 미국 헌법에 정교분리가 직접 명시되어 있는 것으로 이해할 논란의 여지 가 있다(김영수, "종교의 자유와 정교분리에 관한 헌법적 고찰", 『미국 헌법연 구』, 제2호, 1991, 187면). 미국 헌법은 '정교분리'를 직접규정하지 않고 있는 것 으로 보는 것은 사실이다. '정교분리'의 내용은 직접적인 헌법규정이 아닌 헌 법해석론으로 확립되었다고 보는 것이 적절하다. 정교분리와 관련 주요판례로 는 Lemon v. Kurtzman, 403 U.S. 602, 91 S. Ct. 2105, 29 L. Ed. 2d 745 (1971) 와 Lynch v. Donnelly, 465 U.S. 668, 104 S. Ct. 1355, 79 L. Ed. 2d 604 (1984) 등이 있다. 그러나 헌법전에 직접 명시되어 있지 않다고 해서 '정교분리'원칙 이 헌법상의 원칙이 아닌 것이 아니므로, 즉 헌법해석을 통해 헌법의 내용이 확인될 수 있는 것이므로 이 논쟁은 법리 상 실익이 없다고 할 수 있다. '정교 분리'가 미국 헌법상의 원칙이 분명한 이상 그것이 직접 명시되었는가 여부는 법리상 다툴 실익이 없다고 하겠다. 또한 국교 금지 조항이 '정교분리'를 포 함하는 것으로 해석할 수도 있다(정종섭, 『헌법학원론』, 박영사, 2006, 429면). 필자도 이 해석을 따른다.

64. 김종서, "미국적 신앙의 뿌리와 공민종교의 성립", 『미국사회의 지적 흐름 : 정치·경제·사회·문화』, 서울대출판부, 2004, 351면

65. 16세기 후반에 영국국교회 내부에서 일어난 신교도의 한 파를 "Puritans"라고 지칭한다. 번역할 때 "Pilgrims"도 청교도로, "Puritans"도 청교도로 번역하였 는데 결국 영국청교도들을 일컫는 용어이다.

66. John J. Meng · E. J. Gergery, American History, pp.52-53(1959), Lawrence

F. Rossow · Jacqueline A. Stefkovich, Education Law : Case and Materials
(Durham, North Carolina : Carolina Academic Press, 2005), p.771 재인용

67. Lawrence F. Rossow · Jacqueline A. Stefkovich, 위의 책, p.712

68. 김종서, 위의 글, 357~358면

69. Lynch v. Donnelly, 465 U.S. 668, 104 S. Ct. 1355, 79 L. Ed. 2d 604 (1984)

70. 이정훈, "학생인권 중심의 종교교육법제 도입의 필요성", 교육부 교육과정 개
정고시 종교교육 개선 세미나 발표문(종교자유정책연구원 자료집) 인용

71. Cochran v. Louisiana State Board of education, 281 U.S. 370, 74 L.Ed. 913, 50
S.Ct.335 (1930)

72. Everson v. Board of Education of the Township of Ewing, 330 U.S. 1,91 L.Ed.
711, 67 S.Ct. 504 (1947)

73. 정종섭, 『헌법학원론』, 박영사, 2006, 422면

74. 허영, 『한국 헌법론』, 박영사, 2007, 407면, 권영성, 『헌법학원론』, 법문사,
2007, 485면, 정종섭, 위의 책, 429면, 성낙인, 『헌법학』, 2007, 법문사, 410면

75. 서울고등법원 2006.11.16. 선고 2006나21639

76. 헌법재판소 2006헌마20 오천원권지폐 문양도안 위헌확인

77. "트럼프 대통령 기도할 권리보다 중요한 것 없다…기도 막는 공립학교에 연
방지원금 중단", 팬앤마이크, 2020.1.18., https://www.pennmike.com/news/
articleView.html?idxno=27374

78. "동성애 동아리는 되고 기독교 동아리는 안 된다?" 기독일보 2019.12.16.,
http://kr.christianitydaily.com/articles/102377/20191216/%EB%8F%99%EC%8
4%B1%EC%95%A0-%EB%8F%99%EC%95%84%EB%A6%AC%EB%8A%94-
%EB%90%98%EA%B3%A0-%EA%B8%B0%EB%8F%85%EA%B5%90-
%EC%95%88-%EB%90%9C%EB%8B%A4.htm

79. David Limbaugh, Persecution: How Liberals Are Waging War Against
Christianity, Harper Perennial; Reprint edition (September 7, 2004).

80. 스테판 E. 스트랭(Stephan E. Strang), 오태용 역, 『하나님과 트럼프』, PURITAN,
2018, 한국어판에서 저자의 이름이 스티븐 E. 스트랭으로 나오는데 이는 출판
사의 오기로 보인다. 저자의 이름은 Stephan E. Strang 이다.

81. 소에지마 다카히코(副島隆彦), 신동기 역, 『누가미국을 움직이는가』, 들녘,
2003 참조.

82. 정치인 평가에 관한 ACU의 웹사이트, http://acuratings.conservative.org/acu-
federal-legislative-ratings/

이정훈 교수의 **기독교와 선거**
교회는 어떻게 정치에 참여해야 하는가

초판 1쇄 발행일 2020년 3월 16일
2쇄 발행일 2020년 3월 31일
3쇄 발행일 2020년 5월 13일

지은이 이정훈
펴낸이 이선미
디자인 샛별디자인
총 판 하늘유통

펴낸곳 PLI
등 록 제 2018-000027호
주 소 부산 해운대구 센텀중앙로 97 센텀스카이비즈 A동 1607호(재송동)
홈페이지 www.pli.kr
이메일 elipli2019@gmail.com
ISBN 979-11-969879-0-9(03230)